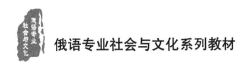

俄语专业社会与文化系列教材　　　　　总主编 孙玉华 彭文钊 刘宏

СТРАНОВЕДЕНИЕ ПОВСЕДНЕВНОСТИ РОССИИ

俄罗斯当代社会生活

主编　刘　宏

编者　刘　宏　〔俄〕И. В. Таюрская

北京大学出版社
PEKING UNIVERSITY PRESS

图书在版编目(CIP)数据

俄罗斯当代社会生活 / 刘宏主编 . —北京：北京大学出版社，2016.5
（俄语专业社会与文化系列教材）
ISBN 978-7-301-26911-4

Ⅰ. ①俄… Ⅱ. ①刘… Ⅲ. ①俄语–阅读教学–高等学校–教材 ②社会生活–俄罗斯–现代–高等学校–教材 Ⅳ. ① H359.4；D

中国版本图书馆 CIP 数据核字 (2016) 第 027871 号

书　　名	俄罗斯当代社会生活 ELUOSI DANGDAI SHEHUI SHENGHUO
著作责任者	刘　宏　主编
责任编辑	李　哲
标准书号	ISBN 978-7-301-26911-4
出版发行	北京大学出版社
地　　址	北京市海淀区成府路 205 号　100871
网　　址	http://www.pup.cn　新浪微博：@ 北京大学出版社
电子信箱	pup_russian@163.con
电　　话	邮购部 010-62752015　发行部 010-62750672　编辑部 010-62759634
印刷者	北京虎彩文化传播有限公司
经销者	新华书店 787 毫米 ×1092 毫米　16 开本　7.75 印张　180 千字 2016 年 5 月第 1 版　2022 年 4 月第 3 次印刷
定　　价	32.00 元

未经许可，不得以任何方式复制或抄袭本书之部分或全部内容。
版权所有，侵权必究
举报电话：010-62752024　电子信箱：fd@pup.pku.edu.cn
图书如有印装质量问题，请与出版部联系，电话：010-62756370

总 序

俄语专业社会与文化系列教材是一套基于语言国情学教学法，以俄罗斯与中国社会文化知识为导向，以传授学生背景知识与提高语言技能为目标，以培养跨文化交际能力为目的的新一代教材。教材编写完全依据《高等学校俄语专业教学大纲》规定的各年级学生知识与技能指标要求，按照主题循序渐进地在第三至八学期分别引入俄罗斯和中国社会文化知识，各册主题分别为：

1. 俄罗斯当代社会生活
2. 俄罗斯历史
3. 俄罗斯地理
4. 俄罗斯艺术
5. 俄罗斯文学
6. 俄罗斯政治
7. 中国当代社会生活（俄文版）

本套教材有别于传统的国情教材，贴近课堂、贴近教学是它的突出特点。每册教材的编写者都是具有多年教学经验的俄语专业教师，多年来一直承担相应课程的实践教学工作，这保证了这套教材来自教学一线，服务教学一线。我们知道，外语教学的最终目的是使学生能运用这种语言进行交际。以往，我们在教学中片面强调语言技能、语言形式的训练，而忽略了语言外壳所要承载的内容。本套教材在编写过程中，充分贯彻了语言国情学教学法，将文化知识导入于语言教学之中，在解决学生"怎么说"问题的同时，潜移默化地让学生知道"说什么"，以达到语言技能和知识水平同步提高的目的，从而可以大大改善学生在学会语言表达之后却无话可说的尴尬。在编写方式上，与以往的俄语国情文化教材重视以大语篇负载大容量知识不同，本套教材以短小课文为主，语言生动，难度适中，图文并茂，兼顾知识性与趣味性，十分适合课堂教学。尤为重要的是，本套教材的练习体系同样按照语言国情学教学法原则精心设计，分为课前和课后练习。题目紧扣课文，灵活多样，语言技能训练与知识点考察分别进行，重点突出，易于掌握和操作，使学生在获得系统国情知识的同时，不断提高语言技能。本套教材在结构上也有所创新。与以往教材以"课"或"单元"做形式序列划分不同，本系列教材按照主题划分序列进行主题内容推进。每一本教材划分为若干主题（тема），每一主题包括若干课（урок），每一课包含二至三篇课文（текст），每一课文后都有俄汉的百科注释，所有的课结束之后有课后练习，按照知识性练习和语言技能练习形式顺序编排。

本套教材全部用俄语编写，每册的编者由俄罗斯专家和中国教师合作完成。在充分保证语言规范、地道的基础上，编写团队考虑最多的是如何让这套教材发挥最大效益，做到实用、好用、管用。我们希望除了能让学生学到纯正地道的俄语，系统掌握相关国情文化知识，提高阅读能力和口语表达能力，还能够培养学生的跨文化交际能力，从而形成第二语言个性，使学生能说，会说，有的说，能更好地为中俄交流与合作做出应有的贡献，这也是我们编纂这套教材最大的心愿。

由于本套教材是按照不同知识主题分别编写的，同时也考虑到学生兴趣与接受度，所以还不可能做到面面俱到。除上述已经编写的教材外，其他相关主题内容我们会在今后根据教学需要陆续推出。

由于时间仓促，加之编者水平有限，书中不当之处在所难免，恳请专家学者和各位读者批评指正。

编者
2011年11月20日

СТРАНОВЕДЕНИЕ ПОВСЕДНЕВНОСТИ РОССИИ
(базовый уровень русского языка)

Пояснительная записка

Настоящий учебник по курсу «Страноведение повседневности России» входит в состав серии учебно-методических пособий по страноведческим дисциплинам, разрабатываемым авторским коллективом Даляньского университета иностранных языков. Предлагаемый учебник представляет собой универсальное пособие, которое можно применять как для аудиторной работы, так и для самостоятельной подготовки учащихся.

Традиционный подход к изучению страноведения предполагает усвоение суммы знаний по географии, истории, политике, литературе и искусству страны изучаемого языка. С точки зрения авторского коллектива, данный подход не соответствует задачам и условиям современного высшего образования. Настоящее учебное пособие разрабатывалось специально для учащихся второго курса языковых специальностей, которые начинают систематическое изучение страноведческой информации о России на русском языке. Уровень языковой и речевой компетенции данной категории учащихся недостаточно высок, поэтому важнейшей отличительной особенностью данного пособия является его доступность при сохранении его полной одноязычности (все учебные тексты написаны на русском языке, все упражнения также требуют выполнения на русском языке). Учебник апробирован в работе с учащимися второго курса в третьем семестре, в ходе апробации практических трудностей в его аудиторном применении для студенческой группы среднего уровня не выявлено.

Все тексты и упражнения являются оригинальными авторскими разработками, созданными на основе собственного опыта преподавания курса «Страноведение повседневности России» в китайской студенческой аудитории. Наличие указанных особенностей делает настоящее пособие важным звеном в утверждении принципов доступности, универсальности и аутентичности, заявленных для всех учебников серии.

Еще одной важной особенностью настоящего учебного пособия является его выраженная коммуникативная направленность. Авторы подчеркивают, что настоящее пособие представляет собой не сборник текстов с некоторой суммой заданий, а полноценную методическую систему, основанную на принципах активного и коммуникативно-ориентированного обучения. Вся работа по освоению курса направлена не только на освоение суммы фактических знаний, но и на укрепление языковых знаний и развитие речевых умений, что является принципиально важным на базовом этапе обучения. Вводимые в пособии языковые знания организованы в удобные для эффективного усвоения таблицы и схемы. Большое внимание уделяется различным способам активизации самостоятельной речевой деятельности учащихся.

Учебный курс рассчитан на работу в течение одного семестра в объёме 34 часа аудиторных занятий. Структурно учебник состоит из 6 частей, каждая из которых рассчитана на изучение в объёме 3-6 академических часов аудиторной работы или 4-8 часов самостоятельной работы студента (необходимость во временных затратах повышается по мере освоения курса). Крупнейшие структурные единицы учебника носят название «Уроки», по мере приближения к концу учебника увеличивается их объём и уровень языковой сложности. Каждый урок включает в себя 3-4 учебных текста; каждый учебный текст охватывает ту или иную подтему урока. Для удобства освоения некоторые тексты разбиты на несколько частей. Для поддержания познавательного интереса учащихся используются разноплановые тексты: монологические высказывания, диалоги, тексты энциклопедического характера, газетные статьи, рекламные тексты, письма и т.п. Каждому уроку предпосланы вводные языковые и речевые упражнения; внутри урока предложены разнообразные языковые и речевые упражнения с различными видами опор; каждый урок завершает блок речевых и творческих упражнений «Проверьте себя». Отдельные упражнения выполняют функцию введения дополнительного фактического материала.

Настоящее пособие на ознакомительном уровне рассказывает учащимся о повседневной жизни в России, о ключевых особенностях культуры личных имён, питания, семейных отношений, образования, досуга и праздников. Преимуществом данного пособия является его актуальность, соответствие современному состоянию российской культуры. В учебных текстах и упражнениях отражена актуальная российская действительность: известные люди, события, высказывания, популярные песни, фильмы и мультфильмы и т.п. Данный факт, как и наличие в пособии большого количества иллюстративного материала, позволит поддерживать познавательную активность учащихся.

Авторы настоящего учебного пособия подчёркивают его методическую гибкость и возможности использования в практической работе в самых различных условиях. Авторы убеждены в необходимости применения активного подхода к изучению страноведческого материала и категорически возражают против использования предложенных учебных текстов для запоминания наизусть.

Настоящее учебное пособие может применяться как основной материал в рамках изучения курса «Страноведение России», а также как дополнительное пособие для «Основного курса русского языка на базовом уровне» или любых вспомогательных языковых дисциплин.

Содержание

ТЕМА 1 **Русские имена** 1
   ТЕКСТ 1. Русское имя 1
   ТЕКСТ 2. Как меня называют 4
   ТЕКСТ 3. Что слышишь в имени моём? 7
   ПРОВЕРЬТЕ СЕБЯ 10

ТЕМА 2 **Семья в России** 12
   ТЕКСТ 4. «Я выхожу замуж!»... 12
   ТЕКСТ 5. Новые родственники 18
   ТЕКСТ 6. Цветы жизни 19
   ТЕКСТ 7. Квартира в России 21
   ПРОВЕРЬТЕ СЕБЯ 25

ТЕМА 3 **Досуг и отдых в России** 28
   ТЕКСТ 8. Что такое «дача»? 29
   ТЕКСТ 9. Почему многие русские любят ходить в баню? 32
   ТЕКСТ 10. Мы едем на шашлыки! 35
   ТЕКСТ 11. Охота и рыбалка в России 37
   ТЕКСТ 12. Зимний отдых в России 39
   ПРОВЕРЬТЕ СЕБЯ 44

ТЕМА 4 **Образование в России** 47
   ТЕКСТ 13. От детского сада до университета 47
   ТЕКСТ 14. «Здравствуй, школа!» 51
   ТЕКСТ 15. «До свидания, школа!» 56
   ТЕКСТ 16. Знаменитые вузы России 59
   ТЕКСТ 17. «От сессии до сессии живут студенты весело!» 63
   ПРОВЕРЬТЕ СЕБЯ 66

ТЕМА 5 **Праздники в России** 69
   ТЕКСТ 18. Самый главный праздник года 69

ТЕКСТ 19. Религиозные праздники ⋯ 75
ТЕКСТ 20. Любимые праздники ⋯ 78
ТЕКСТ 21. Праздники нового времени ⋯ 81
ПРОВЕРЬТЕ СЕБЯ ⋯ 85

ТЕМА 6 Русская кухня ⋯ 89
ТЕКСТ 22. Когда и что едят русские? ⋯ 91
ТЕКСТ 23. Праздничный обед ⋯ 100
ТЕКСТ 24. Без каких продуктов русские не могут жить? ⋯ 104
ТЕКСТ 25. Есть ли в России «местные» деликатесы? ⋯ 109
ПРОВЕРЬТЕ СЕБЯ ⋯ 111

Вместо заключения ⋯ 115

Русские имена

Когда люди знакомятся, они говорят: «Как тебя зовут? Как твоё имя?» У каждого человека есть имя. Имя - это самое приятное слово для каждого из нас! Но в разных языках и в разных культурах разные имена.

1.1. Просклоняйте слово «имя» (оно).

1-6	«один»	«много»
1. (что?)	имя	имена
2. (чего?)	имени	имён
3. (чему?)		
4. (что?)		
5. (чем?)		
6. (о чём?)		

ТЕКСТ 1. Русское имя

1.2. Ответьте на вопросы.
(1) Как вас зовут по-китайски?
(2) Кто выбрал для вас это имя?
(3) У вас есть русское имя? Какое?
(4) Почему вы выбрали это русское имя?

1.3. Прочитайте Текст 1.

Русское имя

У каждого русского человека, как и у каждого китайца, есть имя.

У русских полное имя состоит из трёх частей: имени, отчества и фамилии. Фамилия – это имя всей семьи. Фамилию не выбирают. Она переходит от дедушки к отцу, от отца к детям, от детей к их детям. Самые распространённые русские фамилии – Иванов, Петров, Сидоров.

Кроме фамилии, у русского человека есть личное имя. Родители выбирают личное имя для ребёнка. Не всякое русское слово может быть именем. Например, слово «любовь» - это и слово русского языка, и русское имя. А вот слово «цветок» не может быть именем человека. Личное имя может быть мужским – Иван, Антон, Владимир, Игорь, а может быть женским – Мария, Анастасия, Екатерина, Надежда.

У личного имени есть значение, но очень часто русские не знают, что означает их имя. Значение имени не очень важно для русских. Важно, чтобы имя звучало красиво с фамилией и отчеством. Например: Лилия Васильева, Лев Толстой, Игорь Скляр.

Отчество – это имя отца человека. Например, отца Дмитрия Анатольевича Медведева зовут Анатолий, а сына Дмитрия Анатольевича Медведева зовут Илья Дмитриевич. Перед отчеством всегда должно стоять личное имя. Фамилию можно ставить или перед личным именем с отчеством, или после них. Например: Антон Павлович Чехов или Чехов Антон Павлович. (197 слов)

1.4. (А) Найдите и <u>подчеркните</u> в тексте новые слова.

(1) полный	(6) всякий
(2) выбирать (что)	(7) значение
(3) переходить от (кого, чего) к (кому, чему)	(8) означать, значить (что)
(4) распространённый	(9) звучать (как)
(5) личный	(10) отчество

1.4. (Б) Как вы думаете, какое значение имеют <u>эти слова</u>? Выберите А, Б или В.

(1) У русских <u>полное</u> имя состоит из трёх частей: имени, отчества и фамилии.
   (А) всё имя   (Б) обычное имя   (В) правильное имя

(2) Люди не <u>выбирают</u> фамилию.
   (А) покупают   (Б) берут, какую хотят   (В) показывают

(3) Фамилия <u>переходит от</u> дедушки <u>к</u> отцу, от отца к детям, от детей к их детям.
   (А) Дедушка выбирает фамилию для отца, отец – для детей, а дети – для своих детей.
   (Б) Фамилия приходит к дедушке от отца, к отцу от детей, к детям от их детей.
   (В) Дедушка передаёт фамилию отцу, отец – детям, дети – своим детям.

(4) Самые <u>распространённые</u> русские фамилии – Иванов, Петров, Сидоров.
   (А) известные   (Б) красивые   (В) простые

(5) Кроме фамилии, у русского человека есть <u>личное имя</u>.
   (А) имя, которое носит вся семья
   (Б) имя, которое выбирают родители
   (В) имя, которое человек получает от отца

Русские имена ТЕМА 1

(6) Не всякое русское слово может быть именем.
   (А) это   (Б) такое   (В) любое

(7) У личного имени есть значение.
   (А) смысл   (В) важность   (В) интерес

(8) Очень часто русские не знают, что означает их имя.
   (А) как читать своё имя
   (Б) какое значение у их имени
   (В) как писать своё имя

(9) Важно, чтобы имя звучало красиво с фамилией и отчеством.
   (А) Важно, чтобы имя говорили вместе с отчеством и фамилией.
   (Б) Важно, чтобы имя было не похоже на отчество и фамилию.
   (В) Важно, чтобы имя хорошо сочеталось с отчеством и фамилией.

(10) Кроме личного имени и фамилии, у русских в полном имени есть отчество.
   (А) имя отца   (Б) имя матери   (В) имя дедушки

1.5. Закончите предложения.
(1) Моё полное китайское имя - _____. _____ - моя фамилия, _____ - моё личное имя.
(2) В России люди не выбирают себе фамилию. В Китае _____.
(3) Моя фамилия - _____. Она переходила от моего _____.
(4) Самые распространённые китайские фамилии - _____.
(5) В русском языке не всякое слово может быть именем. В китайском языке _____.
(6) У каждого русского имени есть значение. У китайского имени _____.
(7) Русские обычно не знают значение своего имени. Китайцы _____.
(8) Для русских важно, чтобы полное имя звучало красиво. Для китайцев _____.
(9) Моё китайское имя означает _____.

1.6. Прочитайте текст ещё раз. Обратите внимание на новые слова. Затем прочитайте укороченный вариант Текста 1. Вставьте нужное слово в укороченный вариант Текста 1 (слова можно использовать несколько раз).

(1) _____ имя русского человека – это фамилия, (2) _____ имя и (3) _____. Родители не могут (4) _____ фамилию и отчество для своих детей, потому что фамилия (5) _____ от дедушек к отцам, а от отцов к детям; а отчество

(6) _____ от отца к ребёнку. (7) _____ имя родители выбирают сами. Не (8) _____ слово русского языка может быть (9) _____ именем человека. Очень часто русские не могут сказать, что (10) _____ их имя. Главное, чтобы оно (11) _____ красиво. Самые (12) _____ русские имена – Иван, Мария, Наташа.

1.7. Ответьте на вопросы.
(1) Из каких частей состоит полное имя русского человека?
(2) Что такое фамилия? Кто выбирает фамилию?
(3) Какие распространённые русские фамилии вы знаете?
(4) Что такое личное имя? Кто выбирает личное имя?
(5) Какие русские имена вы знаете?
(6) Всякое слово русского языка может стать личным именем человека?
(7) Как русские выбирают личное имя?
(8) На какой вопрос о своём имени русские обычно не могут ответить?
(9) Что такое отчество? Кто выбирает отчество?
(10) В официальных бумагах и анкетах на русском языке можно прочитать ФИО. Как вы думаете, что значит ФИО?

1.8. Восстановите диалог. Какие вопросы надо задать?

- _____?
- Масляков.
- _____?
- Александр.
- _____?
- Родители дали мне имя Александр в честь отца. Его тоже зовут Александр.
- _____?
- Да, я Александр Александрович.
- _____?
- Нет, к сожалению, не знаю.
- _____?
- Я думаю, красиво. Мне нравится.

Известный телеведущий Александр Масляков и его сын — телеведущий Александр Масляков-младший

ТЕКСТ 2. Как меня называют

1.9. Прочитайте имена. Поставьте запятые (,) между именами.
Екатерина Павловна Грачёва Катя Катька Катенька Катюша Катерина Котёнок

Русские имена ТЕМА 1

1.10. Ответьте на вопросы.
(1) Сколько здесь имён?
(2) Как вы думаете, это имена одного человека или разных людей?
(3) Какое из этих имён полное имя?
(4) Какое из этих имён вам нравится?

1.11. Прочитайте Текст 2.

Как меня называют

Здравствуйте! Моё полное имя Екатерина Павловна Грачёва. Но как только меня не называют! Катя, Катька, Катенька, Катюша, Катерина и даже Котёнок.

Недавно я получила паспорт. Там мы читаем – Грачёва Екатерина Павловна. Это звучит очень официально. Когда я стану учительницей и приду работать в школу, дети будут говорить мне: «Екатерина Павловна, а какое у нас домашнее задание?» или «Екатерина Павловна, можно ответить?» Другие учителя будут говорить мне уважительно: «Екатерина Павловна, завтра у нас собрание». А наши ребята во дворе будут встречать меня словами: «Здравствуйте, Екатерина Павловна!» Но сейчас мне только 14 лет, и, конечно, никто не зовёт меня официально «Екатерина Павловна».

В школе и во дворе меня называют Катя. Родители обычно говорят мне ласково Катенька или Катюша, а младший брат зовёт просто Катькой. Бабушка называет меня Катерина. Она считает, что если говорить мне Катерина, то я буду более взрослой и серьёзной. Наш сосед Вадим иногда говорит мне: «Привет, Котёнок!» или «Котёнок, как дела?» Ему кажется, что слова «Катя» и «Котёнок» (= маленькая кошка) – похожи. А мне кажется, что я ему нравлюсь. (*170 слов*)

ОБРАТИТЕ ВНИМАНИЕ!!!

(1) называ́ть, звать // назва́ть (*использовать имя или слово для обозначения кого-то или чего-то // дать кому-то имя*)
- Мама называет меня «моя Маруся».
- Мама зовёт меня «моя Маруся».
- Когда я родилась, родители назвали меня Мария.

(2) Как его зовут? (= Как его имя?)
- Как его зовут? Микаэль? Какое странное имя.
- Меня зовут Жанна. А как твоё имя?

1.12. Заполните пропуски.
(1) Как вас _____? – Меня _____ Екатерина Павловна Грачёва.

(2) Когда я родилась, родители хотели _____ меня Татьяной, но бабушка посоветовала им _____ меня Катей.

(3) Родители обычно _____ меня Катенька или Катюша.

(4) Младший брат _____ меня просто Катькой.

(5) Вчера я видела нашего соседа Вадима. Он опять _____ меня Котёнком. Я думаю, я ему нравлюсь.

1.13. (А) Прочитайте текст ещё раз. Каким образом можно называть человека?

называть (говорить)	официально

1.13. (Б) Заполните пропуски.

(1) На работе меня называют _____ - Дмитрий Андреевич.

(2) Друзья зовут меня _____ Дима.

(3) Жена говорит мне _____ Димочка.

(4) Сосед, хоть он и старше меня, всегда обращается ко мне на Вы и говорит _____: «Как Вы поживаете, Дмитрий Андреевич?»

1.14. Да или нет?

(1) Екатерина Павловна Грачёва – учительница в школе. ☐

(2) Катя Грачёва учится в школе. ☐

(3) Хотя Кате только 14 лет, все зовут её официально: «Екатерина Павловна». ☐

(4) Родители очень любят свою дочь и называют её ласково Катенька или Катюша. ☐

(5) Младший брат зовёт свою сестру просто – Котёнок. ☐

(6) Бабушка хочет, чтобы Катя была взрослой и серьёзной, поэтому называет её Катериной. ☐

(7) Сосед Кати Вадим называет её не очень уважительно - Катюха. ☐

(8) В России взрослых людей, коллег на работе, учителей в школе обычно называют официально - по имени-отчеству. ☐

(9) В семье и с друзьями используют личные имена. ☐

(10) В паспорте записаны все имена одного человека. ☐

1.15. (А) Прочитайте имена. Заполните таблицу.

Дима, Владимир Владимирович Путин, Вовочка, Димочка, Боря, Серёжа, Дмитрий Анатольевич Медведев, Сергей Викторович Лавров, Серёженька, Вова, Борис Николаевич Ельцин, Боренька.

Меня зовут…				
официально				
просто				
ласково				

1.15. (Б) Составьте маленький рассказ. Используйте таблицу.

Например: *Это Дмитрий Анатольевич Медведев. На работе все называют его официально: «Дмитрий Анатольевич». Но когда он был маленьким, его называли просто Дима. Сейчас мама и папа также называют его просто Дима. А жена зовёт его ласково Димочка.*

ТЕКСТ 3. Что слышишь в имени моём?

1.16. Ответьте на вопросы.
(1) Какие русские имена вы знаете?
(2) Какое русское имя самое популярное в Китае?
(3) В английском (немецком, французском) языке есть имена Людмила и Владимир?
(4) В английском (немецком, французском) языке есть имена Наталья и Екатерина?
(5) Как вы считаете, можно услышать имя и сразу сказать, хороший человек его носит или плохой?

1.17. Прочитайте Текст 3. Подчеркните личные имена.

Что слышишь в имени моём?

Вы когда-нибудь думали о том, что у каждого имени есть своя история? Давайте познакомимся с некоторыми именами.

Людмила... Когда мы *произносим* это имя, мы слышим «людям милая». Когда мы говорим Светлана, мы слышим «светлая». Произнесите «Владимир», и вы услышите «владею миром». А если мы скажем «Ярослав», то сразу же услышим «ярая(большая) слава».

Но почему же, когда мы говорим «Наталья» или «Екатерина», мы ничего не слышим? Давайте попробуем с другим именем: Иван. Тоже ничего. Дело в том, что Людмила, Светлана, Владимир, Ярослав – это старые русские имена. А имена Наталья, Екатерина, Иван пришли в русский язык из других языков. Что *означают* эти имена? Чтобы узнать это, надо заглянуть в словарь. *Имя Наталья пришло в русский язык* из латинского языка. В латинском языке оно означало «рождение». Имя Екатерина пришло из греческого языка. В греческом языке Екатерина значит «чистая». Имя Иван – еврейское, оно имеет значение «Бог даст милость». Это имя стало очень популярным в России.

Пришёл XX век - родились новые имена: Владлен, Сталина, Революция, Олимпиада. На далёком севере одного мальчика *назвали* Солнце. А в Москве одной девочке дали имя Россия. В жизни, как в иностранных романах и фильмах, *появились* Роберты и Альберты, Луизы и Жанны.

В русском языке очень много имён: русских и иностранных, старых и новых, обычных и редких. Можно выбрать очень хорошее имя. Но для русского человека это не так важно, потому что в России говорят: «Не имя красит человека, а человек - имя». *(234 слова)*

1.18. Заполните таблицу именами из Текста 3.

ИМЕНА В РОССИИ							
мужские	женские	русские	иностранные	старые	новые	обычные	редкие

1.19. Какое это имя?

(1) _____ - это мужское имя; это старое русское имя; это имя означает «большая слава».

(2) _____ - это женское имя; это латинское имя; это имя значит «рождение».

(3) _____ - это мужское имя; это современное русское имя; это имя имеет значение «Владимир Ленин».

(4) _____ - это женское имя; это греческое имя; оно означает «чистая».

(5) _____ - это женское имя; это старое русское имя; это имя значит «светлая».

(6) _____ - это мужское имя; это еврейское имя; оно очень популярно у русских; мы встречаем это имя в книгах, в фильмах, в песнях; оно имеет значение «Бог даст милость».

1.20. Да или нет?

(1) Имена у русских людей разные: русские и иностранные, старые и современные, обычные и редкие. ☐

(2) Есть старые русские имена. Сейчас трудно понять, что они значат. ☐

(3) Есть иностранные имена. Все русские могут сказать, что они значат. ☐

(4) Сначала в языке появились русские имена, иностранные имена вошли в язык позже. ☐

(5) Латинские, греческие и еврейские имена вошли в русский язык после Крещения Руси. ☐

(6) В XIX веке в русском языке появились новые русские имена – Владлен, Сталина, Революция, Олимпиада. ☐

(7) Сегодня в России все родители выбирают для своих детей необычные имена. Например, Россия или Солнце. ☐

(8) В России говорят: «Имя красит человека, а не человек - имя». ☐

1.21. (А) Прочитайте Текст 3 ещё раз. Найдите в тексте синонимы этих слов.

(1) произносить (сов. в. произнести) = _____

(2) означать = _____ = _____

(3) имя пришло в русский язык из другого языка = _____

(4) назвать = _____

(5) появиться = _____

1.21. (Б) Сначала вставьте в эти предложения подходящие слова-синонимы. Затем составьте свои предложения (со словами в скобках).

(1) Когда мы _____ имя Людмила, мы слышим «людям милая».

Когда мы _____ имя Людмила, мы слышим «людям милая».

(Светлана, Владимир, Ярослав, Иван)

(2) Имя Наталья _____ русский язык ___ латинского языка.

Имя Наталья – _____ имя.

(Екатерина, Иван, Роберт, Жанна)

(3) Имя Екатерина _____ «чистая».

Имя Екатерина _____ «чистая».

(Наталья, Сталина, Людмила, Ярослав)

(4) Родители _____ своего сына Солнце.

Родители _____ Солнце своему сыну.

(Россия, Владлен, Олимпиада, Альберт)

(5) Имя Революция _____ недавно.
Имя Революция _____ недавно.
(Святослав, Анна, Виктор, Победа)

1.22. Выберите любое имя. Напишите небольшое сочинение или подготовьте устное выступление на тему «История моего / одного имени».

Например: *Меня зовут Инна. Сейчас это женское имя. Но раньше <u>это имя давали</u> только мужчинам. Это имя не русское. Но учёные не могут сказать, <u>из какого языка это имя пришло в русский язык</u>. Из греческого? Из латинского? Из немецкого? Имя Инна <u>имеет значение</u> «быстрая река». В России это не очень распространённое имя, но оно мне очень нравится.*

Интернет-помощь: http://kniga-imen.ru/

ПРОВЕРЬТЕ СЕБЯ

1.23. Что вы знаете хорошо, что - не очень хорошо, а чего совсем не знаете?

Например: *Я хорошо знаю, какую тему мы прошли в Уроке 1 - Русские имена.*

(1) …, сколько частей в русском имени…
(2) …, какие это части…
(3) …, как выбирают эти части…
(4) …, сколько имён может быть у одного человека…
(5) …, какое имя используют в паспорте…
(6) …, как называют человека на работе…
(7) …, как называют ребёнка в школе и дома…
(8) …, как называют человека люди, которые его любят…
(9) …, что имена в русском языке могут быть разные…
(10) …, из каких языков пришли имена в русский язык…
(11) …, что для русских не очень важно, какое значение имеет имя, а важно…

1.24. Найдите одну языковую и одну фактическую ошибку в каждом предложении.

(1) Наша соседка Ивановна Анна недавно стала бабушкой. Она произнесла для внучки очень красивое имя – Анастасия.
(2) Легко догадаться, что отца Алексея Александровича называют Алексей.
(3) – Слово «чай» не русское. Кто знает, из какого языка оно пришло?
   - Учитель, я знаю. Китайский язык.
(4) Екатерина Петровна, как тебя зовут по фамилии?
(5) Моя Жена называет меня ласково Владимир Петрович.

(6) Во дворе и в школе дети назовут друг друга по имени-отчеству.

(7) Андрей – старое русское имя. Оно имеет означение «мужественный».

(8) Недавно одна семья в Москве дала имя Россия свою дочку. Это очень распространённое имя у русских.

1.25. Что вы можете рассказать про имя девочки и про имя мужчины? Используйте все ключевые слова.

фамилия имя отчество родители выбрать официально ласково звучать красиво греческий значить мужественный, храбрый чистая распространённый

Старшо́ва Екатери́на И́горевна Лео́нов Андре́й Евге́ньевич

1.26. Разгадайте кроссворд «Имена и фамилии».

По горизонтали:

(1) Про любопытного человека русские говорят: «Любопытной ... на базаре нос оторвали».

(2) В разговорной речи русских можно услышать: «А я откуда знаю?! Я же не...!»

(3) В русских народных сказках девочку обычно зовут так.

По вертикали:

(4) Так А.С. Пушкин звал свою жену.

(5) В русских сказках главного героя обычно зовут так.

(6) Это не только имя русской девушки, но и боевая машина, и известная песня.

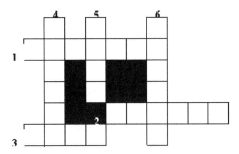

Семья в России

Большая часть жизни человека проходит в семье. Каждый из нас хорошо знает, что такое семья. И в то же время у каждого из нас своё представление о семье. Оно рождается под влиянием культуры и времени.

2.1. В России часто говорят: «Мама, папа, я - дружная семья!» А как ещё можно сказать?

Мама, папа, я – дружная семья!

Мама, папа, я – _____ семья!

Мама, папа, я – _____ семья!

ТЕКСТ 4. «Я выхожу замуж!»...

2.2. Кто и кому говорит эти слова? Кто и как отвечает? Соедините (1), (2), (3) и (А), (Б), (В).

(КТО) ГОВОРИТ (КОМУ)		(КТО) ОТВЕЧАЕТ (КОМУ)
(1) –Я люблю тебя. Выходи за меня замуж. (2) –Я не могу жить без тебя. Будь моей женой! (3) –Мама, папа, я выхожу замуж.		(А) –Что?! (Б) –Я тоже люблю тебя, но мне надо подумать. (В) –Я очень хочу быть твоей женой.

2.3. Прочитайте первую часть Текста 4.

«Я выхожу замуж!»

(Часть I)

Вчера наша дочь сказала мне, что выходит замуж. Но ей только 25 лет. Она только в прошлом году окончила университет. И уже замуж! Когда я сказала ей: «Доченька, а не рано ты выходишь замуж?» - она ответила: «Что ты, мама! Конечно, нет! Все мои подруги уже замужем: Таня вышла замуж в прошлом году. Лена вышла замуж за Андрея два года назад. А у Вики и Дениса сыну уже три года. Только я ещё не замужем». Да, сегодня в России девушки спешат замуж. Если тебе 25-26 и ты ещё не замужем, значит, что-то не так. (*94 слова*)

2.4. Ответьте на вопросы.

(1) Кто ведёт рассказ?
(2) Кто выходит замуж?
(3) Сколько лет дочери?
(4) Что говорит мама?
(5) Что отвечает дочь?
(6) В каком возрасте русские девушки стараются выйти замуж?

2.5. (А) Соедините выражения с их значением.

(1) Он ей не пара.	(А) Парень и девушка хорошо подходят друг другу.
(2) Она ему не пара.	(Б) Парень не подходит девушке.
(3) Они хорошая пара.	(В) Девушка не подходит парню.

2.5. (Б) Составьте свои предложения с выражениями (1), (2), (3).

Например: *Артём не пара Арине. (Потому что Арина - хорошая девушка, а Артём – плохой парень).*

Арина   Артём   Полина   Павел   Ольга   Олег

2.6. Прочитайте вторую часть Текста 4.

«Я люблю его, а он любит меня!»

(Часть II)

Наша дочь очень красивая, умная, талантливая. Она нравится многим молодым людям. А замуж она решила выйти за нашего соседа Максима. Он, конечно, неплохой парень: не курит, не пьёт, спортом занимается. Но, я думаю, он ей не пара.

- Доченька, почему ты решила выйти замуж за Максима?
- Мама, всё очень просто: я его люблю, а он любит меня.
- Но ведь он рабочий на заводе, а ты – врач.
- Ну и что? Этот рабочий любит своего врача, а врач любит своего рабочего.
- Доченька, но ведь ты училась в университете, окончила музыкальную школу, а он… в школе учился плохо, в университет не поступил.
- Ну и что, мама? Мне очень хорошо и интересно с ним! Я люблю его, а он любит меня!
- Доченька, ты посмотри на его семью: небогатые, необразованные люди. У них нет ни денег, ни машины, ни квартиры для вас.
- Ну и что, мама? Они добрые и открытые. Родители Максима очень меня любят, а я люблю их и люблю Максима.
- Доченька, а я вот совсем не люблю твоего Максима. Не хочу, чтобы ты выходила за него замуж!
- Мама, ну что ты говоришь?! Я ведь люблю его, а он любит меня. Только вместе мы можем быть счастливы! Ты ведь хочешь, чтобы я была счастлива?
- Конечно! Поэтому я не хочу, чтобы ты выходила замуж за Максима.
- Мамочка, я люблю его, а он любит меня!

Вот так всегда: когда я пытаюсь поговорить с дочкой на эту тему, я слышу только одно: «Я люблю его, а он любит меня!» *(253 слова)*

2.7. Кто так считает?

Мама считает, что… Дочь считает, что…	(1) Максим хороший парень. (2) Максим будет плохим мужем и отцом. (3) врач не может выходить замуж за рабочего. (4) человек с высшим образованием и человек без высшего образования не могут быть вместе. (5) главное, когда люди женятся, - это любовь. (6) бедные люди не могут жениться на богатых. (7) квартира, машина, деньги не могут принести людям настоящего семейного счастья.

*** А как думаете вы? С кем вы согласны: с мамой или с дочкой? ***

2.8. «Что для вас счастье?» Как отвечают на этот вопрос в России?

(1) Для мамы-Козы счастье – это
_____.

(2) Для Доктора Айболита счастье -
_____.

(3) Для Чебурашки и
_____.

(4) Для
_____.

(5) Для меня
_____.

2.9. Прочитайте третью часть Текста 4.

«Это её жизнь»

(Часть III)

Конечно, я хочу, чтобы моя дочь была счастлива. Конечно, я знаю, что счастье – это не квартира, не машина, не деньги. Многие люди, у которых есть квартира, машина и деньги, не могут найти своё счастье. Но без машины, без квартиры, без денег в наше время жить очень трудно. Надо поговорить с её отцом: «Дорогой, наша дочь собирается…» - «Я знаю. Пусть выходит. Она взрослая. Это её жизнь. И она должна прожить её сама». *(72 слова)*

2.10. Да или нет?

(1) Мама хочет, чтобы дочь была счастлива. ☐

(2) Представление мамы о счастье (=мнение, каким должно быть счастье) и представление дочери о счастье не совпадают (=не одинаковые). ☐

(3) Все люди, у которых есть машина, квартира и много денег, обязательно счастливы. ☐

(4) Отец не хочет, чтобы его дочь была счастлива. ☐

(5) Отец считает, что дочь ещё ребёнок и ничего не понимает в жизни. ☐

(6) Отец хочет, чтобы его дочь сама думала, сама делала выбор и сама отвечала за свой выбор. ☐

(7) Хорошо, когда родители дают советы, но не заставляют детей делать так, как хотят они. ☐

(8) Мама хочет, чтобы дочь вышла замуж по расчёту (= только за того, у кого много денег, есть машина и квартира, хорошее образование и воспитанные родители). ☐

(9) Дочь мечтает выйти замуж по любви (= за того, кого любит). ☐

2.11. Прочитайте русские пословицы и поговорки. Какой брак больше популярен у русских - по любви или по расчёту?

Надо выходить замуж по любви	пословицы и поговорки	Надо выходить замуж по расчёту
	(1) Соболье одеяльце в ногах, да подушка в слезах. (2) С милым рай и в шалаше. (3) Стерпится – слюбится. (4) Где любовь и совет, там и горя нет. (5) Ради любви можно и в лохмотьях ходить.	

*** Какой вывод вы можете сделать? Как считают русские?***

2.12. Расставьте предложения в правильном порядке и прочитайте правильный ответ на вопрос из упражнения 2.11.

(...) Более того, к людям, которые женятся или выходят замуж по расчёту, часто относятся без уважения и даже с презрением

(...) 70-80% россиян сегодня связывают свою жизнь с теми, кого действительно любят, а не с кем удобно жить.

(...) Однако сегодня в России на 1000 браков приходится 500 разводов.

(...) Русские считают, что выходить замуж нужно по любви.

ТЕКСТ 5. Новые родственники

2.13. Вспомните, как по-русски называют разных родственников.

2.14. Прочитайте текст. <u>Подчеркните</u> новые слова, которые обозначают родственников.

Новые родственники

После свадьбы родственников становится в два раза больше. Ведь родственники жениха становятся родственниками невесты. А родственники невесты становятся родственниками жениха. Все они теперь одна большая семья. Но как называть новых родственников?

Мама мужа для жены – не мама, а свекровь. Отец мужа для жены – не папа, а свёкор. Для родителей мужа его жена – не дочь, а невестка. Мама жены для мужа – не мама, а тёща. Отец жены для мужа – не папа, а тесть. Для родителей жены муж – не сын, а зять.

Невестка может говорить свёкру и свекрови «папа» и «мама». Зять может говорить тестю и тёще «папа» и «мама». Но в жизни это бывает редко. Обычно невестка называет свекровь и свёкра по имени-отчеству. Зять называет тестя и тёщу тоже по имени-отчеству.

Русские традиционно считают, что между зятем и тёщей плохие отношения. Тёща не любит зятя, а зять не любит тёщу. В России много шуток и анекдотов на эту тему. Однако в жизни это не всегда так. (*155 слов*)

2.15. Ответьте на вопросы.

(1) Какие новые слова, которые обозначают родственников, вы узнали?
(2) На картинке (2.13) найдите и покажите свекровь, тестя, невестку и зятя.
(3) Кого нет на фотографии?
(4) Как вы думаете, почему их нет?
(5) Кто из новых родственников счастлив, а кто – нет?

2.16. Кто с кем разговаривает?

(1) _____ и _____ говорят _____: «Максим, береги Свету!»

(2) _____ говорит _____: «Анна Ивановна, я буду носить её на руках всю жизнь!»

(3) _____ говорит _____: «Мой сын любит вкусно поесть. Я очень вкусно готовлю. Надеюсь, ты тоже вкусно готовишь».

(4) _____ говорит _____: «Алексей Павлович, Максим очень похож на вас: тоже высокий, тоже весёлый, тоже с усами и в очках».

(5) _____ и _____ говорят _____ и _____: «Мы уверены, что ваша дочь будет счастлива с нашим сыном!»

(6) _____ и _____ говорят _____ и _____: «Ваш сын обязательно будет счастлив с нашей дочерью!»

2.17. Две минутки для шутки. Прочитайте анекдоты. О чём мечтает зять из анекдотов?

(1) Перед операцией хирург говорит главному врачу:
- Я не могу оперировать пациентку Смирнову. Она моя тёща, и если операция пройдёт плохо, люди подумают, что я сделал это специально...

(2) Человек должен иметь хорошую семью, чтобы каждый вечер отдыхать от работы. И хорошую тёщу, чтобы каждое утро с радостью на эту работу ходить.

(3) Встречаются два друга. Один говорит другому:
- Не знаешь, где достать шапку-невидимку?
- Зачем тебе?
- Теще на день рождения подарить!

ТЕКСТ 6. Цветы жизни

2.18. Прочитайте эти высказывания. Как вы думаете, какое слово должно стоять в начале?

	- это наше будущее.
	- это счастье.
	- это цветы жизни.
	- это большая ответственность.
	- это чудо.
	прекрасны в любой стране.

2.19. Прочитайте Текст 6. Как вы думаете, какие слова говорят родители, какие - бабушки и дедушки, какие - врачи, какие - сами дети, а какие - президент?

Цветы жизни

Поэты говорят, что дети – цветы жизни. А что говорят о детях бабушки и дедушки, родители и врачи, сами дети и даже президент?

_____: Сегодня в России женщины стараются родить первого ребёнка в возрасте от 20 до 27 лет. Хотя встречаются очень молодые мамы: они рожают детей в 18-19 лет. Некоторые женщины сначала зарабатывают деньги, а ребёнка рожают в 30 лет и позже. Но таких женщин в России пока очень мало.

_____: Каждый год в России умирает больше людей, чем рождается. Это большая проблема. Сегодня, если в семье появляется второй ребёнок, то семья получает деньги. Если появляются ещё дети, то семья опять получает деньги от государства.

_____: В России традиционно было много детей. Мы выросли в деревне. Жизнь была бедная. А нас было пятеро у мамы с папой. Когда я вышла замуж, мы с мужем переехали в город. У нас самих было трое детей. И у всех наших друзей двое-трое. А сейчас наши дети рожают только одного ребёнка. Разве это правильно?

_____: Второго ребёнка мы рожать не хотим. Очень много проблем. Чтобы поставить на ноги даже одного ребёнка, надо много денег, много времени, много сил. Кроме того, у нас в стране сейчас мало хороших родильных домов, больниц, детских садов и школ.

_____: Мой папа вчера мне сестру из магазина принёс. Новая. Её Соня зовут. А меня самого аист принёс. Он весной с юга летел и принёс меня родителям. Не всех аисты приносят. Моего соседа Витю, например, родители осенью в капусте нашли. Хорошо, что заметили и не съели. (233 слова)

2.20. Закончите предложения.

(1) В Европе и США большинство женщин рожает детей в возрасте от 30 до 40. В России _____

(2) В Китае обычная семья может рожать только одного ребёнка, за второго ребёнка нужно выплачивать деньги государству. В России _____

(3) В Бразилии в обычной семье пятеро детей. Сейчас в России _____

(4) В США хорошие условия для рождения и воспитания ребёнка. В России _____

(5) Если в Англии ребёнок спрашивает: «Где вы меня взяли?», родители отвечают:

Семья в России ТЕМА 2

«Тебя принёс аист». В России _____
_____

2.21. Напишите комментарий к каждой картинке.

(1) _____   (2) _____   (3) _____

(4) _____   (5) _____   (6) _____

ТЕКСТ 7. Квартира в России

2.22. Как называются эти комнаты? Разгадайте кроссворд «Квартира».

21

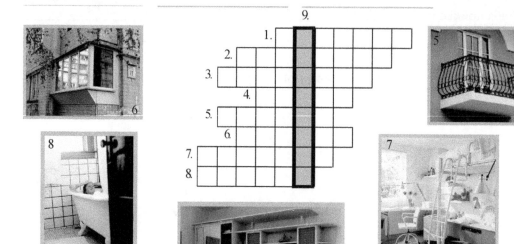

2.23. Ответьте на вопросы.

(1) У вас большая квартира?

(2) Сколько комнат в вашей квартире?

(3) Какие это комнаты?

(4) Какое место в квартире у вас самое любимое?

2.24. Прочитайте Текст 7.

Квартира в России

Обычная семья в России живёт в небольшой двух- или трёхкомнатной квартире. В больших квартирах, где четыре, пять или даже шесть комнат, живут только очень богатые люди. В квартире у русских обязательно есть гостиная, которую все русские называют зал. Обычно это самая большая комната в квартире, поэтому её ещё называют большая комната. Кроме большой комнаты, в квартире может быть спальня, или комната родителей, и детская комната. Если квартира двухкомнатная, то вторую комнату отдают ребёнку, а родители спят в зале.

Если вы спросите у русского человека: «Сколько комнат в вашей квартире?», он посчитает и свою комнату, и комнату родителей, и зал. Зал – это не просто место, где принимают гостей и отдыхают, это отдельная комната, где спят и обедают по праздникам.

В обычные дни едят на кухне. Кухня – это особое место в русской квартире. Русские женщины проводят очень много времени на кухне, ведь каждый день им приходит ся готовить и завтрак, и обед, и ужин. Самых близких друзей приглашают к столу не в зале, а на кухне. Если вас пригласили на кухню, это не значит, что вас не уважают и не считают важным человеком. Это значит, что вы стали близким другом семьи.

В любой русской квартире есть ванная и туалет. Как правило, ванная и туалет находятся в двух разных комнатах. Почти во всех квартирах есть лоджия или балкон.

Когда вы заходите в квартиру русских, вы сразу попадаете не в зал и не на кухню, не в спальню и не в детскую комнату, а в прихожую. Прихожая – это небольшая комната, где можно снять пальто и обувь, оставить сумки и зонт. Не забудьте, что в квартире у русских надо обязательно снимать обувь. (*266 слов*)

2.25. Посмотрите на картинку и ответьте на вопросы.

(1) В этой квартире живут богатые люди?
(2) Сколько комнат в этой квартире?
(3) Покажите на рисунке, где находится зал.
(4) Какие ещё комнаты есть в этой квартире?
(5) Что такое прихожая?
(6) В этой квартире есть прихожая?
(7) Ванная и туалет – это одна комната?
(8) В этой квартире есть балкон?
(9) Где кухня в этой квартире?
(10) Почему кухня большая?
(11) Ваша квартира похожа на эту квартиру?

2.26. Какие вопросы надо задать, чтобы получить такие ответы?

(1) - _____?
 - В двухкомнатной или трёхкомнатной квартире.
(2) - _____?
 - Зал, или большая комната.
(3) - _____?
 - Детская комната и комната родителей.
(4) - _____?
 В обычные дни едят на кухне, а по праздникам – в зале.
(5) - _____?
 Здесь оставляют пальто, сумку, снимают обувь.

2.27. (А) Кто в вашей семье делает работу по дому? Сделайте подписи к каждой картинке.

готовить завтрак, обед, ужин	убирать квартиру
мыть посуду	стирать бельё
ходить в магазин	прибивать гвозди
чинить телевизор	мыть пол

В нашей семье я мою пол.

2.27. (Б) В России все домашние дела делятся на мужские и женские. Каждая картинка в упражнении 2.27.(А) помечена буквами «М» или «Ж». Составьте свои предложения по образцу.

Гвозди прибивать – не женское дело.

Пол мыть – не мужское дело.

*** Кто в русской семье делает больше домашних дел – мужчина или женщина? ***

2.28. День свадьбы - это день рождения семьи. Каждый год муж и жена отмечают не только дни рождения членов семьи, но и день рождения всей семьи - годовщину свадьбы. Каждая годовщина свадьбы - особая свадьба:

Семья в России ТЕМА 2

деревянная	золотая	серебряная
бумажная	розовая	стеклянная
	фарфоровая	

(1) 2 года – это _____ свадьба.
(2) 5 лет – это _____ свадьба.
(3) 10 лет – это _____.
(4) 15 лет – _____.
(5) 20 _____.
(6) 25 _____.
(7) _____.

Интернет-помощь: http://www.nasvadbe.ru/tamada/articles/godovshini-svadbi/

ПРОВЕРЬТЕ СЕБЯ

2.29. Какое слово лишнее?

(0) серебряная	золотая	солнечная	бумажная
(1) образование	любовь	деньги	квартира
(2) свёкор	свекровь	тесть	тётя
(3) нашли в капусте	купили в магазине	аист принёс	мама родила в роддоме
(4) большая	прихожая	детская	ванная
(5) стирать	убирать	чинить	готовить

2.30. Составьте свои предложения с данными словами и выражениями.

(1) не пара:
_____

(2) по любви, по расчёту:
_____

(3) счастье:
_____

(4) жених и невеста:
_____

(5) рожать, воспитывать:
_____

(6) женское / мужское дело:
_____

(7) кухня:
_____

2.31. Посмотрите на фотографии. Ответьте на вопросы.

(1) Какая это семья? Что они скажут про себя?

(2) Какой у них праздник?

(3) Хорошая ли это пара?

(4) Это обычная семья?

(5) Почему мужчина несчастный?

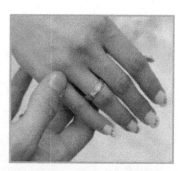
(6) На какой руке кольцо? Что означает это кольцо?

2.32. Соедините (I) и (II).

I		II
(1) «И жили они долго и счастливо и умерли в один день» (2) «Горько! Горько! Горько!» (3) «Все счастливые семьи похожи друг на друга, каждая несчастливая семья несчастлива по-своему». (4) «Совет да любовь!»		(А) Этими словами заканчиваются русские сказки. (Б) Эти слова говорят жениху и невесте на свадьбе, желая им счастливой семейной жизни. (В) Эти слова кричат на свадьбе, чтобы жених и невеста поцеловались. (Г) Этими словами начинается роман Л.Н. Толстого «Анна Каренина».

2.33. Что вам нравится (очень нравится), а что не нравится (не очень нравится, совсем не нравится) в русской семье?

(1) ..., что в России люди выходят замуж по любви.

(2) ..., что в России много разводов.

(3) ..., что родители разрешают взрослым детям выбирать жениха / невесту самостоятельно.

(4) ..., что можно рожать много детей.

(5) ..., что можно рожать ребёнка в 18-19 лет.

(6) ..., что молодые муж и жена живут у родителей мужа или родителей жены.

(7) ..., что женщины делают почти все домашние дела.

(8) ..., что самых близких друзей приглашают на кухню.

(9) ..., что в квартире у русских пальто и обувь нужно снимать в прихожей.

(10) ..., что в России можно жениться и разводиться много раз.

ТЕМА 3

Досуг и отдых в России

В России говорят: «Кто не умеет хорошо отдыхать, тот не умеет хорошо работать». Русские любят отдыхать: они ходят в кино и в театры, ездят на экскурсии, ходят в гости или сами приглашают гостей.

А как ещё отдыхают именно в России?

3.1. (А) Прочитайте перевод этих предложений с китайского языка на русский язык. Как вы думаете, перевод сделан правильно?

С китайского языка	на русский язык	правильно или нет?
(1) 星期六我们全班要去大连玩。	В субботу мы всей группой хотим поехать в Далянь поиграть.	
(2) 我很喜欢和小孩子们玩，因为他们很可爱。	Мне нравится играть с детьми, потому что они такие миленькие.	
(3) 小明又在玩电脑游戏。	Сяо Мин снова играет в компьютерные игры.	
(4) 他一有时间就玩，也不帮父母干活。	Как только у него появляется свободное время, он играет, нисколько не помогает родителям.	

ОБРАТИТЕ ВНИМАНИЕ!!!

Глагол «играть» в русском языке используется только в сочетаниях:

играть с детьми (или если ребёнок играет)

играть на музыкальном инструменте (на пианино, на гитаре, на скрипке)

играть в спортивную игру (в футбол, в баскетбол, в пинг-понг)

играть на компьютере / в Интернете

играть роль в театре / в кино

Русский глагол «играть» не совсем похож на китайский глагол 玩.

Русские в этом значении используют слова «отдыхать», «гулять», «веселиться», а иногда просто не переводят этот глагол.

Досуг и отдых в России **ТЕМА 3**

3.1. (Б) Вставьте подходящий глагол.

(1) В свободное время мы с друзьями любим _____ в футбол на университетском стадионе.

(2) Завтра воскресенье! Давайте поедем в зоопарк _____!

(3) Мой друг не представляет свою жизнь без компьютера. Целый день он сидит за компьютером на работе, а когда приходит домой, _____ в компьютерные игры.

(4) Пришла весна. Мы с родителями поехали за город _____ и полюбоваться цветением сакуры.

(5) Я знаю, что русские любят _____ в ночных клубах, а китайцы предпочитают _____ в караоке-барах (KTV).

(6) Моя мама в молодости часто ходила в театр. Она была влюблена в одного актёра. Она говорила, что он не только красивый, но и превосходно _____ _____.

(7) Недавно мы всей группой _____ у моря. Хочешь посмотреть фотографии?

(8) На вечере наш староста будет _____ на гитаре, а мы будем петь песню.

3.2. Как вы думаете, какие из этих видов отдыха популярны среди русских, какие - среди китайцев, а какие - и среди русских, и среди китайцев?

среди русских		среди китайцев
	(1) Ездить в путешествия (2) Лазить по горам (3) Петь песни в караоке-барах (4) Ходить в театр (5) Кататься на лыжах и на коньках (6) Танцевать в ночных клубах (7) Ходить в баню (8) Ловить рыбу (9) Собирать грибы и ягоды в лесу (10) Встречаться с друзьями	

ТЕКСТ 8. Что такое «дача»?

3.3. Ответьте на вопросы.

(1) Вы любите ездить за город?

(2) Как можно отдыхать за городом в Китае?

(3) Вы бы хотели иметь свой дом за городом и ездить туда на отдых?

(4) Как вы считаете, работать на земле – выращивать овощи и фрукты - это интересно?

3.4. Посмотрите на картинку. Что вы видите? Закончите предложение.

Дача – это дом, цветы, огород, _____ за городом.

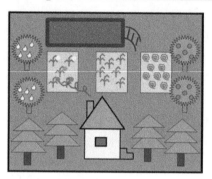

3.5. Прочитайте Текст 8.

Что такое «дача»?

В России почти у каждой семьи есть дача. Только 14% россиян каждое лето ездят в путешествие по России или за границу, остальные 86% ездят на дачу.

Дача – это небольшой участок земли за городом, на котором есть дом, сад и огород. Особенно хорошо на даче летом, поэтому в выходные многие семьи уезжают на дачу, а некоторые живут на даче на каникулах и во время отпуска. Взрослые работают в саду или в огороде - выращивают овощи и фрукты, поливают растения. Дети обычно помогают взрослым. И взрослым и детям приятно видеть результаты своего труда – дачный урожай! Конечно, дачные яблоки, дачная картошка, дачная клубника вкуснее и полезнее магазинных.

Иногда урожай очень богатый. Тогда русские хозяйки делают из него заготовки на зиму – соленья, варенья и компоты. Это уже стало хорошей традицией, которую соблюдают почти в каждом доме. Зимой, когда на улице будет холодно, на столе будут стоять овощи, фрукты и ягоды с собственной дачи. Они напомнят о тёплом солнце и о летнем отдыхе на даче!

Дача – это место не для работы, а для отдыха. Работа на земле – это хороший вид отдыха, особенно если вы живёте в городе и каждый день ходите на работу на завод или в офис, в магазин или в школу. Но если вам не нравится работать на земле, вы можете выбрать для себя другой вид отдыха на даче: купаться в бассейне или в речке, лежать на солнце, играть в мяч, читать книги на свежем воздухе и многое-многое другое.

Главное, чтобы дачный отдых приносил вам радость и здоровье! *(220 слов)*

3.6. Дача, дачный, дачник, дачница - что означают эти слова? Вставьте подходящее слово в предложения.

(1) Недавно мои родители купили _____. Теперь каждые выходные мы отдыхаем там.

(2) Эти яблоки вы купили на рынке? – Нет, это наши _____ яблоки, мы сами

Досуг и отдых в России ТЕМА 3

вырастили их на _____.
(3) Моя бабушка такая _____! Она живёт на _____ с мая по сентябрь.
(4) В мае в России начинается _____ сезон. Люди едут на свои _____ отдыхать и работать.
(5) Мне надо переодеться. Это _____ одежда. Я не могу идти в ней в гости.
(6) Осенью многие _____ продают на рынке урожай со своей _____.

ОБРАТИТЕ ВНИМАНИЕ!!!

> Мы говорим «на дачу», «на даче», а не «в дачу», «в даче».
> Вы можете объяснить почему?

3.7. Посмотрите на фотографии. Сделайте к ним подписи. Используйте слова из текста.

Дача

Дачная клубника

3.8. На даче можно работать и отдыхать. Прочитайте текст ещё раз. Подчеркните глаголы, которые показывают, что люди делают на даче. Затем внесите глаголы в таблицу.

На даче можно работать...	На даче можно отдыхать...
выращивать овощи и фрукты	*играть в мяч*

3.9. Прочитайте Текст 8 ещё раз. Да или нет? Если нет, то почему?
(1) Дача - это большой участок земли в центре города, на котором есть дом, сад и огород. ☐

31

(2) В выходные летом многие семьи уезжают на дачу, а некоторые живут на даче постоянно. ☐

(3) Взрослые работают в саду или в огороде, дети обычно помогают взрослым. ☐

(4) Раньше русские хозяйки делали соленья, варенья и компоты своими руками. Но эту традицию сегодня почти не соблюдают. ☐

(5) На даче можно только работать на земле, поэтому очень скучно. ☐

(6) Осенью все дачники продают свой дачный урожай на рынке. ☐

(7) На даче растёт капуста, картошка, огурцы, помидоры, морковь, лук, перец, даже яблоки, груши и клубника. ☐

(8) Зимой на столе почти в каждом доме в России можно увидеть свежие овощи и фрукты с дачи. ☐

3.10. А вы хотели бы иметь свою дачу? Представьте, что у вас есть дача. Расскажите о ней.

(1) Сколько лет вашей даче?
— _____.

(2) У вас на даче большой дом?
— _____.

(3) Кто построил этот дом?
— _____.

(4) У вас на даче есть огород?
— _____.

(5) Что растёт в огороде? - _____.
(6) У вас на даче есть сад? - _____.
(7) Что растёт в саду? - _____.
(8) Вы работаете или отдыхаете на даче? - _____.
(9) Осенью вы собираете большой урожай? - _____.
(10) Что вы делаете с этим урожаем? - _____.
(11) Вам нравится ваша дача? - _____.
(12) Вы часто ездите на дачу? - _____.

ТЕКСТ 9. Почему многие русские любят ходить в баню?

3.11. Посмотрите на картинку. Ответьте на вопросы.

(1) Где находятся эти мужчины?
(2) Какое у них настроение?
(3) Почему они голые?
(4) Что они делают?
(5) Что ещё мы видим на картинке?
(6) Вы бы хотели быть на их месте?

3.12. Прочитайте Текст 9.

Почему русские любят ходить в баню?

Я очень люблю ходить в баню. Бани есть в разных странах, есть турецкая баня, римская баня, финская баня, но я как русский человек предпочитаю русскую баню.

Русская баня - это небольшой, как правило, деревянный дом. Он может стоять на берегу реки, на даче или в центре города. В бане две комнаты – предбанник и парилка. Слово «предбанник» состоит из двух частей «перед» и «баня». Мы заходим в предбанник до того, как попадаем в саму баню. Предбанник - это небольшая комната, где мы оставляем одежду, где мы можем попить воду или чай, где мы можем просто посидеть и поговорить, если в парилке очень жарко. Слово «парилка» образовано от слова «пар». Парилка – это главная часть бани. Здесь есть печь, которая даёт тепло и создаёт пар, и полок, где можно сидеть и лежать. Температура в парилке может быть от 55 до 70 градусов Цельсия.

Сегодня я иду в баню. Я взял с собой веник. Зачем мне веник? Расскажу обо всём по порядку. Итак, сначала мы снимаем всю одежду в предбаннике. Теперь заходим в парилку. В парилке очень тепло. Я греюсь и разговариваю с друзьями. Прошло минут 10-15. Теперь можно поддать пару! Для этого мы набираем в ковш воды и выливаем её на горячие камни в печи. Вода в одну секунду испаряется и образуется много пара! Самое время начинать париться вениками! Я ложусь на полок, и мой друг начинает бить меня веником. Он бьёт очень аккуратно, легко. Это совсем не больно. Это хороший массаж для тела. Ух, жарко! Я выбегаю из жаркой бани и прыгаю в речку с прохладной водой! Эх, хорошо! А зимой мы выбегаем из бани и падаем в снег. Затем снова заходим в тёплую парилку и паримся ещё и ещё раз. Это так приятно и весело, что трудно остановиться! А ещё после бани кажется, что ты снова родился и у тебя новое здоровое тело!

Русские привыкли к бане, ведь русские бани существуют с VI века. Но для иностранцев русская баня непривычна, поэтому если вам в бане стало плохо, не стесняйтесь сказать об этом и уйти. Этим вы не обидите русских друзей!

Ещё нужно помнить о том, что в бане можно пить воду и чай. В бане ни в коем случае нельзя пить водку и пиво. Это вредно для здоровья!

После того как человек помылся в бане и вышел из бани, все говорят ему: «С лёгким паром!», а он должен ответить: «Спасибо!» (*385 слов*)

3.13. Подумайте, как образовались эти слова и что они означают.

баня (место, куда приходят люди помыться и отдохнуть)

банный = _____ + _____

банщик = _____ + _____

предбанник = _____ + _____ + _____
пар (газообразное состояние воды)
париться = _____ + _____ + _____
испаряться = _____ + _____ + _____ + _____
парилка = _____ + _____

3.14. Прочитайте текст ещё раз. Посмотрите на фотографии. Сделайте подписи.

  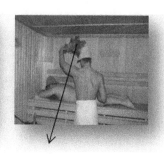

3.15. Вставьте пропущенные слова.

Русская (1)_____ известна во всём мире. Обычно это небольшой деревянный (2)_____. Внутри две комнаты – (3)_____ и (4)_____. (5)_____ - это комната, где люди раздеваются, оставляют одежду, отдыхают после бани. (6)_____ - это комната, где есть печь и полок. Именно здесь люди (7)_____.

Мытьё в русской бане – это ритуал. Сначала надо немного посидеть в парилке, погреться, поговорить с друзьями или подумать о жизни. Потом взять немного горячей (8)_____ и вылить на камни в (9)_____. Вода будет испаряться, будет много (10)_____. Теперь можно (11)_____: взять (12)_____ и легко и нежно побить себя или друга по спине. Бить нужно так аккуратно, чтобы человеку было приятно, а не чтобы он кричал от боли. После этого можно (13)_____ прохладный душ, прыгнуть в (14)_____ летом или побегать по (15)_____ зимой.

После бани обычно говорят: «С лёгким (16)_____! – Спасибо!» А ещё говорят, что в баню заходят разные люди, а выходят одинаково счастливые.

*** Если вам трудно, используйте слова в рамочке ***

| баня | дом | предбанник | парилка | париться | вода |
| печь | пар | веник | принять | река | снег |

Интернет-помощь: http://banyamoya.ru/vse-o-russkoy-bane/

ТЕКСТ 10. Мы едем на шашлыки!

3.16. Представьте, что вы едете за город. Выберите 5 вещей из этого списка, которые вы обязательно возьмёте с собой.

(1) волейбольный мяч
(2) компьютер
(3) любимая книга
(4) фотоаппарат
(5) купальник / плавки
(6) игральные карты
(7) бинокль
(8) фрукты
(9) шоколад и печенье
(10) мясо
(11) пиво
(12) нож

3.17. Вы знаете, что такое «шашлыки»? Прочитайте Текст 10 и найдите ответ на этот вопрос.

Мы едем на шашлыки!

«Мы едем на шашлыки!» - эти слова вызывают радость у всех людей – и у маленьких детей, и у молодых девушек и юношей, и у людей старшего поколения. Что же означает это странное слово «шашлыки»? Какой-то парк развлечений? Место с красивыми пейзажами? Весёлую вечеринку в клубе? Не первое, не второе и не третье! Шашлык – это блюдо из мяса, одно из самых любимых и популярных в России, хотя появилось это блюдо на Ближнем Востоке, а в Россию пришло из Грузии.

Почему русские «ездят на шашлыки»? Всё очень просто, шашлыки невозможно приготовить в домашних условиях – их можно сделать только на открытом воздухе – в лесу, у реки, на даче. Ведь шашлыки – это небольшие куски мяса, которые надевают на шампуры, а потом жарят на горячих углях. Нельзя поехать на шашлыки неожиданно, потому что предварительно мясо нужно специальный образом подготовить: порезать на кусочки, залить вином или уксусом (замариновать), добавить соль, перец и лук и оставить всё это в холодильнике на одну ночь. Только утром следующего дня можно ехать!

Приготовление шашлыка – мужское дело! Мужчины обычно разводят огонь и жарят мясо. Женщины тем временем накрывают на стол: режут хлеб и овощи, готовят соусы, ставят водку и пиво. Затем все с удовольствием едят шашлыки, разговаривают, весело смеются и, конечно, хвалят это вкуснейшее блюдо! (*205 слов*)

3.18. Прочитайте объяснения слов. Какие слова из текста здесь объясняются?

(1) Куски мяса, которые жарят на углях; очень популярное блюдо в России - …

(2) Наши бабушки и дедушки, пожилые люди - …

(3) Дома, в своей квартире - …

(4) На улице - …

(5) Длинные тонкие металлические палочки, на которые надевают куски мяса, когда готовят шашлыки - …

(6) Собрать сухие ветки и зажечь огонь - …

(7) Оставить мясо в вине или в уксусе на долгое время, перед тем как жарить - …

(8) Поставить на стол тарелки, чашки, положить вилки и ложки, поставить хлеб, овощи, блюда; приготовить стол к обеду - …

(9) Южные страны, такие как Египет, Турция, Сирия, Израиль и др. - …

(10) Государство, расположенное на Ближнем Востоке, на берегу Чёрного моря; раньше входило в состав СССР - …

3.19. Прочитайте предложения. Исправьте ошибки.

(1) Только молодёжь в России ездит на шашлыки.

(2) Шашлыки – это самое любимое и самое популярное русское блюдо.

(3) Шашлыки делают из рыбы. Их готовят в домашних условиях.

(4) Шашлыки готовить очень просто: сначала нужно порезать мясо на куски, потом сразу пожарить его на горячих углях.

(5) Куски мяса маринуют в водке или в вине всю ночь.

(6) Обычно шашлыки жарят женщины.

(7) Шашлыки едят с овощами, но без хлеба.

(8) В России обычно на шашлыки ездят без друзей и без родственников.

(9) Шашлыки можно купить на улице или в ресторане. Они будут вкуснее тех, что мы готовим сами.

3.20. (А) Представьте, что вы ездили на шашлыки с русскими друзьями. Как это было? Поставьте глаголы в правильном порядке.

купили мясо 1.	собрали сухие ветки	поехали за город	порезали на куски 2.
развели огонь	добавили вино в мясо	говорили: «Как вкусно!»	жарили мясо на углях
накрыли стол	оставили на ночь	добавили лук, соль, перец в мясо	

3.20 (Б) Составьте свой рассказ с этими глаголами.

ТЕКСТ 11. Охота и рыбалка в России

3.21. Как вы думаете? Выберите правильный вариант ответа - А, Б или В.

(1) Бо́льшая часть территории России – это…

    (А) снег   (Б) горы   (В) лес

(2) В России более 2 миллионов…

    (А) рыбаков   (Б) рек   (В) городов

(3) Русские НЕ ездят в лес, чтобы…

    (А) посадить дерево   (Б) собирать грибы и ягоды   (В) охотиться

(4) Русские НЕ ездят на реку, чтобы…

    (А) ловить рыбу   (Б) воды в рот набрать   (В) купаться

(5) Если вы потерялись в лесу, нужно кричать…

    (А) «Помогите!»   (Б) «Ау!»   (В) «Где все?»

(6) Тихая охота – это…

    (А) охота на медведя   (Б) охота без друзей   (В) сбор грибов

Правильные ответы вы узнаете, если прочитаете Текст 11

3.22. Прочитайте Текст 11.

Охота и рыбалка в России

«Широка страна моя родная! Много в ней лесов, полей и рек!» - это слова из песни о России. Около 50% территории России – это лес. В России более 2 миллионов больших и маленьких рек. Поэтому с давних времён русские любили ездить на охоту и на рыбалку.

Русские любят охотиться не только летом, но и зимой. Человека, который ездит на охоту, называют «охотник». В лесу можно охотиться на зайца, на лису, на волка, на кабана и даже на медведя. Однако надо помнить, что для охоты в лесу нужны не только ружьё и нож, но и специальные знания и умения, а также лицензия на охоту (специальное разрешение).

А вот для «тихой охоты» не надо ничего особенного. Тихая охота – это сбор грибов в лесу. Обычно летом после дождя в лесу много разных грибов. Русские любят собирать грибы. Но надо помнить, что не все грибы можно есть. Мухомор, например, очень красивый гриб, но есть его нельзя, он несъедобный. Кроме того, русские любят собирать лесные ягоды. Они очень вкусные и полезные. Сбор ягод и грибов в лесу - очень увлекательное занятие! Иногда, собирая грибы и ягоды, люди забывают обо всём и могут даже потеряться в лесу. Если вы потерялись, надо громко крикнуть «Ау-у-у!», а потом внимательно слушать, кто вам ответит «Ау-у-у». Идите на голос этого человека.

Рыбалка тоже одно из самых любимых занятий русских. Рыбаки ходят ловить рыбу не только летом, но и зимой. Особенно часто можно увидеть рыбаков на берегах Волги и Дона, на полуострове Камчатка, в Сибири и на Русском Севере. Места́, где много рыбы, называют «рыбными» местами.(256 слов)

3.23. Прочитайте Текст 11 ещё раз. Заполните таблицу.

ЗАНЯТИЕ (что)	ДЕЙСТВИЕ (делать что)	ЧЕЛОВЕК (кто)	СЛОВОСОЧЕТАНИЕ
охота			*поехать на охоту, пойти на охоту*
рыбалка	*рыбачить, ловить рыбу*		
сбор грибов (= тихая охота)			*поехать в лес за грибами*
сбор ягод			

3.24. Закончите предложения. Слова и выражения из упражнения 3.23. помогут вам.

(1) Россия – огромная страна, в которой много лесов, рек, озёр, поэтому русские любят _____.

(2) Лес издавна кормил и одевал русского человека: в лесу можно _____.

(3) Хотя зима в России суровая, даже зимой можно _____.

(4) Среди русских мужчин немало _____ и _____.

(5) Мой дедушка настоящий _____. Он уходит в лес рано утром и к обеду обязательно возвращается с большой корзиной грибов.

(6) В новостях показывали сюжет о том, как Владимир Путин поехал _____ _____ и поймал большую щуку – 21 килограмм.

3.25. Прочитайте Текст 11 ещё раз и ответьте на вопросы.

(1) Почему охота, рыбалка, сбор грибов и ягод так популярны в России?
(2) Кого можно встретить в лесу?

(3) Вы хотели бы поехать на охоту?
(4) Как вы думаете, почему сбор грибов называют «тихой охотой»?
(5) Вы бы хотели поехать в лес собирать грибы или ягоды?
(6) Что нужно делать, если вы гуляли по лесу и потерялись?
(7) Куда и когда русские ездят на рыбалку?
(8) Какие рыбные места есть в России?
(9) В Китае рыбалка тоже популярна?
(10) Что вы думаете о таких видах отдыха, как охота, рыбалка и сбор грибов и ягод? Они полезны для человека? А для природы?

3.26. В русской культуре немало произведений, связанных с лесом, охотой, рыбалкой. Вы знаете, как называются эти картины и книги?

| «Охотники на привале» | «Сказка о рыбаке и рыбке» |
| «Три медведя» | «Утро в сосновом лесу» |

ТЕКСТ 12. Зимний отдых в России

3.27. Как вы думаете? Закончите предложения.
(1) Зимой в России очень _____

(2) Зимой в России часто идёт _____
(3) Зимой в России температура _____
(4) Зимой в России надо одеваться _____
(5) Зимой в России люди в свободное время _____

3.28. Посмотрите на людей на фотографиях. Прочитайте Текст 12. Что рассказывает каждый из них о своём любимом зимнем виде спорта? Соедините отрывки текста с фотографиями.

Зимний отдых в России

Большинство русских предпочитает активный отдых пассивному, поэтому даже зимой, когда температура опускается до минус 25 градусов и на улице лежит снег, русские любят проводить свободное время на улице. Давайте узнаем, как отдыхают русские зимой.

(1) Зимой мы всей семьёй едем за город, чтобы покататься на лыжах. За городом есть специальная лыжная база. Здесь можно взять лыжи напрокат и даже найти тренера. В этом году мой муж и я принимали участие в соревновании «Лыжня России». Призового места мы не заняли, но получили огромное удовольствие от участия!

(2) Мы с подругой каждые выходные едем на каток в центр города. Моя подруга занималась фигурным катанием, поэтому она очень хорошо катается на коньках и учит меня. А мальчишки из нашего класса играют здесь в хоккей. Вообще катание на коньках у нас, в России, очень популярно.

(3) Я занимался разными видами спорта, но больше всего мне нравятся горные лыжи. Да, это опасно и очень сложно, а также дорого, но когда несёшься на большой скорости с горы, это не может сравниться ни с чем! Кстати, наш президент Владимир Владимирович Путин тоже занимается горными лыжами.

(4) А я ещё маленький, но я тоже знаю, как весело проводить время зимой на улице. Я катаюсь на санках. Наши родители построили горку во дворе. Я обожаю кататься с неё! Так что, если вы не хотите кататься на лыжах и на коньках, не умеете играть в хоккей и у вас нет горных лыж, присоединяйтесь ко мне! Санки – это не менее полезно, интересно и весело! А если вы устанете, то можно поиграть с друзьями в снежки или сделать снежную бабу. (*258 слов*)

3.29. Прочитайте Текст 12 ещё раз. Какие слова сочетаются с данными словами?

| отдых | летний |
| | активный |

| проводить время | дома |
| | интересно |

| кататься на | лыжах |
| | |

| играть в | |

ОБРАТИТЕ ВНИМАНИЕ!!!

Мы говорим «лыж*и*», «конь*ки*», «санк*и*».

Вы можете объяснить почему?

3.30. (А) Сделайте подписи к картинкам. Используйте слова из Текста 12.

Это маленькая Г__РК__
Это большая Г__Р__
С__Н___
С___Г
С___ЖН___
Б___А
С___Ж___
ШКОЛА ФИГУРНОГО К__Т__Н__Я
Я хорошо К__Т__Ю_____!
К__Т___
К__Н__К__
Я люблю К__Т__Т__ С__!
Л__Ж___
Л__Ж__

3.30. (Б) Распределите однокоренные слова по группам.

ГОР	СНЕГ(Ж)	КАТ	ЛЫЖ
гора горка горный			лыжный

*** Куда поместить слова «прока́т» и «напрока́т»? ***

3.31. Да или нет? Если нет, то почему?

(1) Сидеть дома, пить чай и смотреть телевизор – это пример активного отдыха. ☐

(2) Кататься на лыжах и на велосипеде – это пример пассивного отдыха. ☐

(3) Зимой в России морозы и много снега. ☐

(4) Зимой русские не любят часто выходить на улицу, особенно в выходные. ☐

(5) Лыжная база – это место, где спортсмены катаются на лыжах. ☐

(6) На катке можно играть в хоккей, а можно просто кататься на коньках. ☐

(7) Заниматься горными лыжами совсем не дорого, но очень опасно и трудно. ☐

(8) Если вы не любите скорость, вам обязательно понравится кататься на горных лыжах. ☐

(9) Кататься на санках очень весело и интересно. ☐

(10) Санки только для детей. Взрослым нельзя кататься на санках. ☐

3.32. Прочитайте предложения. Составьте к каждому предложению как можно больше вопросов.

(1) *Какие соревнования* прошли недавно во многих городах России? *В городах какой страны* прошли недавно лыжные соревнования? *Как* называются соревнования, которые прошли недавно во многих городах России?

Недавно во многих городах России прошли лыжные соревнования, которые называются «Лыжня России».

(2) **Как часто** _____?

Где _____?

Какое соревнование _____?

Соревнование «Лыжня России» проходит в России каждый год.

(3) _____
_____

В 2014 году 85 городов провели «Лыжню России».

Досуг и отдых в России ТЕМА 3

(4) _____

В «Лыжне России» могут приинимать участие все желающие – и любители, и профессионалы; и мужчины, и женщины; и маленькие дети, и взрослые, и даже дедушки и бабушки; и граждане РФ, и иностранцы.

(5) _____

Призы получают самые быстрые лыжники и лыжницы, а также самый младший участник соревнования и самый старший и, конечно, самая спортивная семья.

(6) _____

«Лыжня России» - настоящий праздник для всех, кто любит зиму, снег, лыжи!

(1) _____

В России очень популярны телевизионные шоу – «Звёзды на льду», «Танцы на льду», «Звёздный лёд», «Ледниковый период».

(2) _____

В этих телешоу участвуют известные люди – актёры, певцы, телеведущие.

(3) _____

Сначала они учатся кататься на коньках, а потом в парах вместе с известными фигуристами показывают какой-нибудь красивый, весёлый или интересный номер на коньках.

(4) _____

Это телешоу показывают каждую субботу и воскресенье целых полгода.

43

(5) _____

_____

Строгое жюри ставит оценки в студии. Зрители также выбирают самую любимую пару по телефону.

(6) _____

_____

В конце сезона три самые красивые, самые талантливые, самые трудолюбивые пары получают призовые места.

ПРОВЕРЬТЕ СЕБЯ

3.33. В этом уроке вы познакомились с разными видами отдыха, популярными в России. Когда вы поедете в Россию, что вы обязательно хотите попробовать, а что - совсем не хотите?

(1) ... поехать на шашлыки

(2) ... отдохнуть у русских друзей на даче

(3) ... поехать на рыбалку зимой

(4) ... поехать на охоту

(5) ... пойти в лес собирать грибы или ягоды

(6) ... пойти в русскую баню

(7) ... попробовать соленья и варенье

(8) ... поработать на даче – полить цветы или собрать клубнику

(9) ... научиться кататься на лыжах

(10) ... научиться кататься на коньках

(11) ... покататься на санках и поиграть в снежки

(12) ... научиться играть в хоккей

*** **Вы можете объяснить почему? (3-4 примера)** ***

3.34. Прочитайте, что лежит в сумках у этих людей. Как вы думаете, куда они собрались?

(1) У меня с собой тёплые носки, коньки, термос с чаем, потому что я иду...

(2) У меня с собой нож, корзина, резиновые сапоги, потому что я иду...

(3) У меня с собой мясо, коробок со спичками, шампуры, потому что я еду...

(4) У меня с собой полотенце, веник, термос с чаем, потому что я иду...

(5) У меня с собой нож, ружьё, разрешение, потому что я иду...

(6) У меня с собой резиновые сапоги, ведро, удочка, потому что я иду...

(7) У меня с собой ведро, моя любимая книга, шляпа, потому что я еду...

(8) У меня с собой тёплые носки, паспорт, термос с чаем, потому что я еду…

3.35. Русская культура и китайская культура такие разные, но можно найти что-то общее. Посмотрите на эти фотографии. В чём русские и китайцы похожи, а в чём - нет?

(1) В России у людей есть дачи, а в Китае…
(2) Русские любят есть шашлыки. В Китае тоже…
(3) Русская баня и китайская баня…
(4) Осенью хозяйки в России делают заготовки на зиму…
(5) Русские любят заниматься спортом на свежем воздухе – кататься на лыжах и на коньках. Китайцы тоже любят…
(6) Весной, летом и осенью русские любят ходить в лес – собирать грибы и ягоды или просто гулять и слушать пение птиц и шум листвы. В Китае не так много леса…

3.36. В известных русских фильмах часто упоминаются разные виды отдыха. Вы знаете, как называются эти фильмы? Соотнесите надписи с кадрами из фильмов.

(1) «Москва слезам не верит»
(2) «Служебный роман»
(3) «Ирония судьбы, или С лёгким паром!»

----

(4) Эпизод «В бане»
(5) Эпизод «На даче»
(6) Эпизод «У коллеги на новоселье»
(7) Эпизод «За городом»

(8) - Шашлык женских рук не терпит.
(9) - Вы любите собирать грибы? Подберёзовики? Подосиновики? Подопята?
(10) Катя и Тоня делают заготовки на зиму.
(11) - Ванная в каждой квартире – это прекрасно, это цивилизация. Но мытье в бане – это праздник!

Образование в России

Есть такая русская пословица: "Ученье - свет, а неученье - тьма". Образование нужно человеку, как свет солнца. И в России, и в Китае очень уважают образованных людей - людей, которые долго и старательно учились.

4.1. (А) Во всех этих предложениях пропущено одно слово. Как вы думаете какое?

(1) _____, _____ и ещё раз _____.
(В. И. Ле́нин)

(2) Не хочу _____, хочу жениться. (Д. Фонви́зин, «Не́доросль»)

(3) _____ никогда не поздно. (пословица)

4.1. (Б) Как вы думаете, кто на фотографии говорит какие слова?

ТЕКСТ 13. От детского сада до университета

4.2. Ответьте на вопросы.

(1) В каком возрасте обычно китайские дети идут в детский сад?
(2) Вы ходили в детский сад?

(3) В каком возрасте обычно китайские дети идут в школу?
(4) Сколько лет нужно учиться в школе в Китае?
(5) Вам нравилось ходить в школу?
(6) В каком возрасте юноши и девушки в Китае поступают в университет?
(7) Что нужно, чтобы поступить в университет?
(8) Сколько лет нужно учиться в университете?
(9) Когда в Китае юноше или девушке можно сказать: «Ты уже не ребёнок, ты уже взрослый»?

4.3. Прочитайте Текст 13, и вы узнаете, как бы русские ответили на все эти вопросы.

От детского сада до университета

Образование человека начинается еще до школы, мы так и говорим - дошкольное образование. В России дети в возрасте 3-4 лет начинают ходить в детский сад. В детском саду они не только играют и весело проводят время, но и готовятся к школе: учатся считать, петь, рисовать. И всё-таки в детском саду ещё нет настоящей учебы, поэтому взрослых, которые работают в детских садах, мы называем "воспитателями", а не "учителями".

С учителями дети впервые встречаются, когда становятся школьниками - в возрасте 6-7 лет. Школьное образование продолжается 9 или 11 лет. Обычно все эти годы ребенок ходит в одну и ту же школу, сначала в первый класс, потом во второй, и так далее - до последнего класса, который мы называем "выпускным". Школьники, которые мечтают продолжать образование в университете, должны учиться до одиннадцатого класса. А тот, кто не хочет слишком долго учиться, может начать самостоятельную жизнь уже после девятого класса. После окончания школы выпускник получает важный документ - "аттестат зрелости". Слово "зрелость" показывает, что выпускник уже не ребёнок, он стал взрослым человеком. Но сначала нужно сдать экзамены, которые в России называются ЕГЭ - Единые государственные экзамены. Как и в Китае, результаты этих экзаменов очень важны для поступления в университет.

Итак, экзамены сданы, школа уже за плечами. Что же дальше? Те, кто учился только 9 лет, могут продолжать образование в училищах и техникумах. Те, кто учился 11 лет, могут поступать в вузы и получать высшее образование. Российское высшее образование немного похоже на китайское: для того, чтобы получить диплом бакалавра, нужно учиться 4 года, а потом можно учиться еще 2-3 года, чтобы получить диплом магистра. Это, конечно, не каждому по силам, но самые способные после этого поступают в аспирантуру... где будут учиться еще несколько лет!

Получать хорошее образование не только долго, это еще и довольно дорого. Учёба в школе в России бесплатная, а вот за обучение в вузе нужно платить. Но это не останавливает желающих учиться: в России в вузы поступает больше 70% выпускников школ! (*318 слов*)

ОБРАТИТЕ ВНИМАНИЕ!!!

воспитатель (в детском саду)

учитель (в школе)

преподаватель (в университете)

ходить // пойти в детский сад

ходить // пойти в школу

НО!

поступать // поступить в университет

поступать // поступить в аспирантуру

Глагол «поступать // поступить» мы используем тогда, когда обучение не является обязательным для всех и нужно сдать экзамены, чтобы начать учиться.

Глагол «ходить // пойти» используется тогда, когда обучение является обязательным для всех. Чтобы начать учиться, не надо сдавать экзамены.

4.4. Впишите недостающие слова. Используйте слова из Текста 13.

(1) детский сад – школа – <u>университет</u> – <u>аспирантура</u>

(2) дошкольное образование – школьное образование – _____

(3) первый класс – второй класс – _____ – _____

(4) ребёнок – школьник – _____ – _____

(5) воспитатель – _____ – _____

(6) аттестат зрелости – диплом бакалавра – _____

(7) начинать – _____ – заканчивать

(8) выпускной класс = <u>одиннадцатый класс</u>

(9) зрелый человек = _____

(10) высшее учебное заведение ↔ <u>вуз</u>

(11) единый государственный экзамен ↔ _____

(12) *ходить в* — детский сад / школу / спортивную секцию

(13) _____ — вуз / университет / аспирантуру

(14) _____ — образование / диплом / важный документ

(15) _____ — экзамены / ЕГЭ / зачёт

4.5. Прочитайте Текст 13 ещё раз. Ответьте на вопросы.

(1) Что значит «дошкольное образование»?
(2) Что делают дети в детском саду?
(3) От какого слова происходит слово «воспитатель»?
(4) В каком возрасте русские дети идут в школу?
(5) Сколько лет русские дети учатся в школе?
(6) Когда школьники могут уйти из школы и начать самостоятельную жизнь?
(7) Что такое ЕГЭ? В Китае тоже есть ЕГЭ?
(8) Когда школьники сдают ЕГЭ?
(9) Что получают выпускники после окончания школы?
(10) Где может продолжить учиться выпускник школы, если он окончил девять классов?
(11) Где может продолжить учиться выпускник школы, если он окончил одиннадцать классов?
(12) Сколько выпускников школ поступает в вузы?
(13) Сколько лет нужно учиться в вузе?
(14) Как по-китайски «диплом бакалавра»?
(15) Как по-китайски «диплом магистра»?
(16) Какой диплом вы получаете сейчас – диплом бакалавра или диплом магистра?
(17) Школьное образование в России платное? А в Китае?
(18) Высшее образование в России платное? А в Китае?
(19) Когда молодой человек в России считается уже взрослым?

4.6. Куда ходят эти люди - в детский сад, в школу или в университет? Кто из них маленький ребёнок, кто - школьник, кто - выпускник школы, кто - студент, а кто - аспирант?

(1) Сегодня на музыкальном занятии мы с воспитательницей выучили новую песню «Чему учат в школе».
(2) В прошлом году я не очень хорошо сдал ЕГЭ и не смог поступить туда, куда хотел. Сейчас учусь в своём родном городе.
(3) Я только в третьем классе, но нам уже так много задают на дом. У меня нет времени, чтобы посмотреть телевизор или сходить в гости к подруге.
(4) Все ребята у нас уже знают, куда пойдут дальше учиться. Только я ещё не решил.
(5) Все мои товарищи уже знают, куда пойдут работать, только я ещё не нашёл работу.
(6) Алёша уже знает все буквы и даже учится читать, хотя ему только недавно исполнилось 5 лет.
(7) Почему мои родители до сих пор не могут понять, что я уже взрослый самостоятельный человек?! Пусть диплома бакалавра у меня ещё нет, но у меня уже есть аттестат зрелости.

Образование в России ТЕМА 4

(8) Если мой научный руководитель согласится, то я бы хотела продолжить заниматься научной работой именно с ним после окончания магистратуры.

4.7. Дима Воевудский не известный актёр, не певец, не спортсмен. Но он очень интересный человек и выдающаяся личность. Прочитайте его ответы на вопросы журналиста. Какие вопросы были заданы?

(1) _____
— Сейчас мне 13 лет.

(2) _____
— Нет, я учусь не в школе. Я учусь в Воронежском государственном университете.

(3) _____
— Сейчас я учусь на третьем курсе.

(4) _____
— Я никогда не ходил в детский сад, был дома с бабушкой.

(5) _____
— Я научился читать, когда мне было 3 года. С тех пор чтение – моё самое любимое занятие.

(6) _____
— Я окончил школу в 10 лет.

(7) _____
— Все школьные экзамены и ЕГЭ я сдал на «отлично».

(8) _____
— Нет, совсем не трудно! Я всегда учился, учусь и буду учиться с удовольствием. Это же так интересно!

(9) _____
Я ещё не знаю, буду ли я учиться в аспирантуре, но я планирую получить диплом магистра.

(10) _____
Никаких особых способностей у меня нет. Я просто очень трудолюбивый и любознательный.

ТЕКСТ 14. «Здравствуй, школа!»

4.8. Посмотрите на фотографию. Ответьте на вопросы.

(1) Что в руках у этой девочки?
(2) Что за спиной у этой девочки?

(3) Что на голове у этой девочки?

(4) Как вы думаете, куда идёт эта девочка?

(5) Как вы думаете, сегодня какой-то праздник?

4.9. Прочитайте Текст 14.

Здравствуй, школа!

Сегодня 1 сентября! Как долго я ждала этого дня! Как много я о нём мечтала! Ведь сегодня я в первый раз иду в школу! Наконец-то! Я уже большая! В прошлом месяце мне исполнилось 7 лет.

Школьная форма

На мне новая школьная форма. На голове большие белые банты. За спиной новый школьный портфель с книгами, тетрадями и ручками. В руках красивый букет для моей первой учительницы. А на лице – улыбка. Я счастлива! Я уверена, что сегодняшний день навсегда останется в моей памяти, как и в памяти многих ребят, которые сегодня в первый раз идут в первый класс.

Бабушка, родители и мой старший брат провожают меня сегодня в школу. Они немного волнуются, а я совсем не волнуюсь. Сегодня же праздник! Перед школой много школьников, но первоклассников и старшеклассников сразу видно. Все собрались на школьную линейку. Так называют праздничное школьное собрание. Звучит весёлая песня:

Первоклашка, первоклассник,
У тебя сегодня праздник!
День серьёзный и весёлый,
Встреча первая со школой!

Директор школы и учителя поздравляют нас всех с началом учебного года - с Днём знаний! Они желают нам учиться хорошо и отлично - только на «четыре» и «пять»! Я буду очень стараться. И никогда не буду получать плохие отметки - «тройки» и «двойки».

Школьная линейка

Я даю первый звонок

А сейчас мой старший брат (он одиннадцатиклассник и в этом году заканчивает школу) берёт меня и поднимает высоко-высоко, чтобы все видели. Я сажусь ему на плечо. В руках у меня колокольчик. Я громко-громко звоню в колокольчик, чтобы все слышали первый звонок! Теперь можно заходить в классы и начинать уроки. Давать первый звонок в День знаний – старая традиция, которую обязательно соблюдают во всех школах России! Я так рада, что именно я даю сегодня первый звонок!

Сегодня был один из самых счастливых дней в моей жизни! Я никогда не забуду, как я в первый раз пошла в первый класс! А вы помните свой первый день в школе? *(301 слово)*

ОБРАТИТЕ ВНИМАНИЕ!!!

класс (в школе)	группа (в университете)
одноклассник	**одногруппник**
одноклассница	**одногруппница**

первоклассник, второклассник, третьеклассник, одиннадцатиклассник
первоклассница, второклассница, третьеклассница, одиннадцатиклассница

младшеклассник – старшеклассник
младшеклассница - старшеклассница

4.10. Выберите правильный вариант ответа - А, Б или В. Затем проверьте себя по словарю.

(1) 1 сентября в России – это…

    (А) День знаний   (Б) День учителя   (В) День студента

(2) Школьная форма – это…

    (А) красивое новое платье

    (Б) спортивный костюм для занятий физкультурой в школе

    (В) специальная одежда, в которой все дети должны ходить в школу

(3) Белые банты – это…

    (А) специальная шляпа

    (Б) украшение на голове из лент

    (В) школьная обувь

(4) Портфель – это…

    (А) школьная сумка

    (Б) школьный товарищ

    (В) школьная библиотека

(5) Букет – это…

    (А) цветы   (Б) конфеты   (В) небольшая книга

(6) Школьная линейка – это…

    (А) экзамены

(Б) собрание в школе по особому случаю

(В) высокая девочка

(7) Директор школы – это...

(А) самый главный человек в школе

(Б) самый талантливый учитель в школе

(В) самый сильный ученик в школе

(8) Первый звонок – это...

(А) ученик, который знает ответы на все вопросы учителя

(Б) звонок по телефону 1 сентября

(В) старая школьная традиция

4.11. (А) Соедините глаголы и имена существительные

остаться	за своего ребёнка
провожать	на школьную линейку
волноваться	(у кого) в памяти
собраться	с Днём знаний
поздравлять	в школу
желать	хорошие отметки
получать	первый звонок
дать	традицию
соблюдать	хорошо учиться

4.11. (Б) Вставьте подходящее словосочетание в речь директора школы.

Здравствуйте, дорогие ребята!

Сегодня необычный день, сегодня 1 сентября. (1) _____ вас _____! Мы (2) _____, чтобы отметить этот важный день.

Я вижу, что все – и родители, и учителя, и старшеклассники, и младшеклассники – немного (3) _____, но особенно (3) _____ наши первоклассники. Для них сегодня начинается новая жизнь! В этой новой школьной жизни будет всё: и радости, и разочарования, и большие открытия, и маленькие неприятности, и настоящая дружба, и возможно, первая любовь – будет всё, но я надеюсь, что сегодняшний день станет для них особенным и (4) _____ на всю жизнь.

Я (5) _____ всем ребятам, и особенно нашим первоклассникам, не только старательно _____ и (6) _____, но и получать удовольствие от учёбы и постоянно стремиться к новым знаниям.

А сейчас пусть самая маленькая ученица нашей школы (7) _____! Мы должны (8) _____ эту старую добрую _____!

4.12. Это интересно! В школе в России ученики получают отметки от «1» до «5». В этой таблице всё перепуталось. Заполните таблицу ещё раз.

«5»	четыре, четвёрка	«удовлетворительно»	хорошист, хорошистка
«4»	два, двойка	«хорошо»	двоечник, двоечница
«3»	три, тройка	«плохо»	отличник, отличница
«2»	пять, пятёрка	«неудовлетворительно»	троечник, троечница
«1»	один, единица	«отлично»	*

«Единица» - это очень большая редкость в школе в России. Учитель ставит единицу только в крайнем случае. Не бывает учеников, которые регулярно получают только единицы, поэтому нет отдельного слова для такого человека.

«5»			
«4»			
«3»			
«2»			
«1»			

4.13. В русской школе у каждого ученика есть дневник. Посмотрите внимательно на фотографии. Что же такое дневник и зачем он нужен? Согласитесь или не согласитесь с высказываниями.

(1) Дневник – это учебник. ☐
(2) Дневник – это специальная тетрадь, которую ведет каждый ученик. ☐
(3) В дневнике записывают расписание уроков на каждый день и домашнее задание. ☐
(4) В дневнике учитель выставляет отметки, которые получил ученик на уроке. ☐
(5) В дневнике можно рисовать. ☐
(6) В дневнике учитель пишет замечания. ☐

(7) Дневник каждого ученика читают его товарищи. ☐
(8) Дневник каждого ученика читают его родители. ☐
(9) В Китае у школьников тоже есть дневники. ☐

4.14. А вы помните свой первый день в школе? Чем первый день в китайской школе отличается от первого дня в русской школе? А чем - похож на первый день в русской школе?

Например: *В России дети идут в школу после летних каникул именно 1 сентября. Потому что 1 сентября – это большой праздник в России – День знаний. А в Китае дети идут в школу после летних каникул не всегда именно 1 сентября. Иногда 28 августа, иногда 3 сентября. В Китае нет такого праздника - День знаний.*

ТЕКСТ 15. «До свидания, школа!»

4.15. Не так давно вы окончили школу. Вы помните свой последний день в школе? Ответьте на вопросы.

(1) Вы хорошо помните свой последний учебный день в школе?
(2) Какие уроки были у вас в тот день?
(3) Какие чувства были у вас в душе в тот день?
(4) Что вы сказали или хотели сказать своим учителям?
(5) В Китае есть какие-то традиции, связанные с окончанием школы?

4.16. Прочитайте Текст 15. Сделайте подписи к фотографиям (как в Тексте 14).

До свидания, школа!

Сегодня 25 мая. Сегодня необычный день. Сегодня у меня, как и у многих русских ребят семнадцати-восемнадцати лет, праздник – Последний звонок. Последний звонок – это старая добрая традиция, которую обязательно соблюдают во всех школах России. Если Первое сентября и Первый звонок – это праздник для всех, но особенно для первоклассников, то Последний звонок – это праздник для выпускников.

Утром всё будет как обычно: у нас четыре урока – литература, история России, алгебра и физика. Это самые последние уроки в нашей школьной жизни! После этого мы все соберёмся перед школой на школьную линейку. Мы будем благодарить наших учителей и родителей за 11 лет терпения, понимания, работы с нами! А они будут желать нам, выпускникам, счастливой

Образование в России ТЕМА 4

дороги в жизни и... конечно, успешной сдачи всех экзаменов! Потом самый сильный парень нашего класса поднимет первоклассницу высоко-высоко, посадит её на плечо, чтобы все видели. А она будет сильно-сильно звонить в колокольчик – будет давать последний звонок. Это очень трогательный момент! У всех на глазах будут слёзы... После обеда мы все вместе с ребятами нашего класса пойдём гулять по городу: весна, отличное настроение и никаких домашних заданий!

Однако долго гулять мы не будем, потому что уже послезавтра начнутся ЕГЭ – единые государственные экзамены по разным предметам. Да, мы выпускники, но мы ещё не окончили школу. Мы все обязательно должны сдать ЕГЭ по русскому языку и ЕГЭ по математике. ЕГЭ по другим предметам мы выбираем сами. Я, например, собираюсь поступать на филологический факультет, поэтому мне ещё нужно сдать ЕГЭ по литературе и ЕГЭ по истории. Результаты ЕГЭ очень важны, когда мы поступаем в университет. Пожелайте мне ни пуха ни пера!

Но все экзамены, в конце концов, закончатся. У нас будет большой выпускной вечер! Девушки придут на этот вечер в самых красивых платьях. Юноши наденут самые элегантные костюмы. Мы все получим аттестаты об окончании школы, а самые лучшие из нас, ребята, которые все 11 лет учились на «пять» и «четыре», получат золотые и серебряные медали. Мы будем веселиться и танцевать всю ночь. А утром пойдём к реке встречать рассвет – самый первый рассвет нашей взрослой жизни! Ведь в России считают: когда заканчивается школьная жизнь, заканчивается детство... (340 слов)

ОБРАТИТЕ ВНИМАНИЕ!!!

По-китайски вы говорите 高级中学
Нельзя переводить на русский язык как «*высшая школа*»
Нужно сказать «*средняя школа второй ступени*»
Можно сказать «*старшая школа*» или «*старшие классы*»

Как вы думаете, почему нельзя переводить 高级中学 как «*высшая школа*»?
Потому что по-русски «*высшая школа*» = *вуз* = *университет, институт*

4.17. Обратите внимание на подчёркнутые слова в Тексте 15. Вы поняли значение этих слов из текста? Если нет, используйте словарь. Вставьте подходящее слово в предложения.

(1) 1 сентября (в начале учебного года) первоклассница даёт первый звонок, а 25 мая (в конце учебного года) первоклассница _____.

(2) Ученики должны заниматься не только в школе, но и дома, поэтому все учителя задают ученикам _____.

(3) В России школьники изучают самые разные предметы: _____ _____.

(4) Занятие по какому-то предмету - _____. Каждый день у школьников несколько _____.

(5) В России школьники сдают серьёзные _____ только в конце девятого и в конце одиннадцатого класса.

(6) Ребята, которые выпускаются из школы, по-другому называются _____.

(7) Мы можем сказать «ученица первого класса», или _____.

(8) Серьёзные испытания, по результатам которых выпускники получают аттестаты и поступают в университеты, - _____.

(9) Перед экзаменом или другим серьёзным испытанием в России принято желать: _____. На эти слова обязательно нужно отвечать: «К чёрту!»

(10) После всех экзаменов у выпускников проходит _____. Выпускники веселятся всю ночь.

(11) Если все 11 лет школьник учился только на пятёрки и получил высокие баллы по ЕГЭ, то в конце он получает не только _____, но и _____.

4.18. Прочитайте Текст 15 ещё раз. Да или нет?

(1) 25 мая во всех школах России звенит первый звонок. ☐

(2) Последний звонок – это праздник для одиннадцатиклассников. ☐

(3) В последний учебный день у выпускников школ всё как обычно. ☐

(4) Во время Последнего звонка выпускники говорят спасибо учителям и родителям и просят их обязательно помочь на экзаменах. ☐

(5) Самый трогательный момент наступает тогда, когда все выпускники и учителя фотографируются вместе. ☐

(6) После Последнего звонка все ребята сразу же идут домой готовиться к экзаменам, потому что ЕГЭ по русскому языку и по математике будет уже очень скоро. ☐

(7) Во время прогулки по городу выпускники особенно счастливы, потому что они чувствуют себя свободными от школы и домашних заданий. ☐

(8) Результаты ЕГЭ очень важны не только для окончания школы, но и для поступления в университет. ☐

(9) Выпускной вечер проходит после всех экзаменов. ☐

(10) На выпускном вечере все выпускники получают аттестаты об окончании школы. ☐

(11) Ребята, которые добились больших успехов в спорте, получают золотые и серебряные медали. ☐

(12) Всю ночь выпускники любуются звёздами и луной, а потом грустят, потому что закончились школьные годы. ☐

(13) Утром после школьного выпускного вечера ребята идут встречать рассвет своей новой взрослой жизни. ☐

(14) В России после окончания школы выпускники всё ещё остаются детьми. ☐

4.19. О чём думает выпускник школы в России? Выпускник школы в Китае думает о том же?

О чём думает выпускник школы…	в России	в Китае
(1) Какое платье / какой костюм я надену на выпускной вечер?		
(2) Как жаль, что школьная пора заканчивается!		
(3) Скоро ЕГЭ! Я очень-очень волнуюсь!		
(4) Куда пойти учиться дальше?		
(5) Не хочу больше учиться, хочу жениться!		
(6) Я так хочу получить золотую медаль!		
(7) У кого фотографии нашего Последнего звонка?		
(8) Вот и закончилось детство. Мы уже взрослые!		
(9) Я буду очень скучать по одноклассникам и учителям.		

ТЕКСТ 16. Знаменитые вузы России

4.20. Ответьте на вопросы.

(1) Как называется ваш университет?

(2) Какие известные университеты есть в Китае?

(3) Вы учитесь в том университете, в который хотели поступить?

4.21. Прочитайте Текст 16. Подчеркните названия вузов, которые встречаются в этом тексте.

Известные вузы России

В каждой стране есть известные театры, музеи, памятники. А есть и известные университеты. В России университеты есть почти в каждом городе. Конечно, среди этих вузов есть и знаменитые.

Больше всего университетов, конечно, в Москве - больше 100 университетов! Из них самый главный, самый знаменитый, самый престижный - это МГУ. Его полное название - Московский государственный университет им. М.В. Ломоносова. Русские чаще называют его "МГУ", а иностранцы говорят "Lomonosov University". Это старейший и крупнейший университет России, там учится около 50 тысяч человек. И ещё больше человек мечтает там учиться. МГУ гордится своими знаменитыми студентами: это писатели И.С. Тургенев и А.П. Чехов и многие знаменитые русские ученые.

Санкт-Петербургский университет (СПбГУ) - еще один престижный университет России. В нем обучается 32 тысячи студентов. В последние годы этот университет стал особенно популярным, потому что и Владимир Путин, и Дмитрий Медведев - выпускники этого университета. Они оба учились на юридическом факультете, Путин окончил его в 1975, а Медведев - в 1987. Медведев, кроме того, еще учился в аспирантуре СПбГУ и работал в этом вузе преподавателем. За долгую историю СПбГУ выпустил немало знаменитостей. Здесь учились великий русский поэт А. Блок, В.И. Ленин, учёный И. Павлов, художники М. Врубель и Н. Рерих и многие другие выдающиеся личности.

В Москве и Санкт-Петербурге немало других знаменитых университетов. Прежде всего, это технические университеты, где самые важные предметы - математика и физика. Считалось, что в СССР было лучшее в мире техническое образование. И до сих пор российские технические вузы пользуются уважением во всех странах мира. В Москве это знаменитый Московский государственный технический университет имени Н.Э. Баумана (русские с любовью называют этот вуз "Бауманка"). Этот университет лучший технический вуз в России. Кроме знаменитой "Бауманки", за рубежом хорошо знают Московский физико-технический университет ("Физтех"), Санкт-Петербургский государственный технологический институт ("Техноложка"), Московский инженерно-физический институт (МИФИ).

Но Москва и Петербург богаты не только техническими вузами. Хорошо известны Московский педагогический государственный университет (МПГУ) и Санкт-Петербургский государственный педагогический университет им. А.И. Герцена (СПбГПУ). Это педагогические университеты - в них учатся будущие учителя и преподаватели.

Еще в Москве есть Московский государственный институт международных отношений (МГИМО). Здесь готовят будущих дипломатов. Раньше МГИМО был

Образование в России ТЕМА 4

самым престижным вузом страны. И сегодня тысячи молодых людей и девушек мечтают туда поступить, хотя это довольно трудно. В МГИМО преподают 53 иностранных языка - это мировой рекорд!

Самый знаменитый университет для иностранцев - это Российский университет дружбы народов. Там могут учиться и россияне, но большинство студентов и аспирантов - это иностранные студенты из 158 стран мира! А для иностранцев, которые хотят изучать русский язык, самый подходящий вуз - это Государственный институт русского языка им. А.С. Пушкина (ГИРЯ) в Москве. Там изучают русский язык студенты и аспиранты из Китая и еще из 100 стран мира.

В России много престижных и знаменитых вузов, но каждый выпускник больше всего любит свой родной университет, свою alma mater (эти слова читаются "альма матэр"). Эти латинские слова означают "родная мать" - вот с какой любовью можно называть университет, где получил образование! Свой университет, свою alma mater надо любить, как своих родителей. *(488 слов)*

4.22. Очень часто названия вузов такие длинные, что удобнее использовать аббревиатуру (сокращённое название). Заполните таблицу.

Полное название вуза	Аббревиатура [произношение]	Разговорный вариант
Московский государственный университет	МГУ [эм-гэ-у]	-
Санкт-Петербургский государственный университет	СПбГУ [эс-пэ-бэ-гэ-у]	-
	МГТУ им. Баумана [эм-гэ-тэ-у]	Ба́уманка
	МФТУ [эм-фэ-тэ-у]	
	СПбГТИ [эс-пэ-бэ-гэ-тэ-и]	
Московский инженерно-физический институт	[мифи́]	-
Московский государственный педагогический университет		-
Санкт-Петербургский государственный педагогический университет имени А.И. Ге́рцена		
	[мгимо́]	-
	РУДН [ру-дэ-эн]	-
Государственный институт русского языка имени А.С. Пушкина		-

4.23. Прочитайте Текст 16 ещё раз. О каком вузе идёт речь?

(1) В этом вузе преподают более 50 иностранных языков. Здесь готовят будущих дипломатов.

(2) Этот вуз находится в Москве. Его хорошо знают как в России, так и за рубежом. Это самый лучший технический вуз в России.

(3) Этот университет окончили В.В. Путин и Д.А. Медведев, но он не носит их имена.

(4) Это самый знаменитый, самый главный и самый престижный вуз в России. Он носит имя первого русского учёного.

(5) Это самый знаменитый в России университет для иностранцев. В нём учатся студенты из 158 стран мира.

(6) Это университет, который находится в Санкт-Петербурге. Он носит имя великого писателя и революционера. В нём готовят будущих учителей.

(7) Этот вуз носит имя великого русского писателя. В этом вузе иностранцы изучают русский язык.

(8) Это один из самых известных технических вузов, он находится в Санкт-Петербурге.

4.24. В Тексте 16 много имён прилагательных. Подумайте, от каких слов образованы эти имена прилагательные? Вы знаете, как они переводятся на китайский язык?

(1) главный ← _голова_
(2) знаменитый ← _знать имя_
(3) государственный ← _____
(4) старейший ← _____
(5) крупнейший ← _____
(6) московский ← _____
(7) Санкт-Петербургский ← _____
(8) технический ← _____
(9) физико-технический ← _____ + _____
(10) инженерно-физический ← _____ + _____
(11) педагогический ← _____
(12) будущий ← _____
(13) международный ← _____ + _____
(14) иностранный ← _____ + _____
(15) мировой ← _____
(16) престижный ≈ англ.prestigious
(17) популярный ≈ англ.popular

4.25. (А) Здесь даны факты, которые касаются разных знаменитых вузов России. Но не всё здесь правильно. Найдите ошибки и исправьте их.

(1) МГУ – старейший, крупнейший – 50 000 человек – студенты: А.П. Чехов, И.С. Тургенев, М.В. Ломоносов.

(2) СПбГУ – престижный, знаменитый – 32 000 человек – выпускники: В.В. Путин, Д.А.

Образование в России ТЕМА 4

Медведев (был ректором этого вуза), А. Блок, М. Врубель, Н. Рерих
(3) Технические вузы – СССР (лучшее в мире техническое образование) – МГТУ им. Баумана, МФТУ, МИФИ, СПбГУ – известны не только в России
(4) МГИМО – самый престижный – легко поступить – 53 языка
(5) РУДН, ГИРЯ – иностранцы – 158 стран мира – 100 стран мира – Санкт-Петербург

4.25. (Б) А теперь составьте небольшой рассказ о каждом вузе. Используйте перечисленные здесь факты.

ТЕКСТ 17. «От сессии до сессии живут студенты весело!»

4.26. Прочитайте Текст 17.

От сессии до сессии живут студенты весело!

Меня зовут Павел. Недавно я поступил в университет. Этот университет находится в нашем родном городе, поэтому я живу не в общежитии, а дома с родителями. В России в общежитии при университете живут только те студенты, которые приехали из других городов.

Сейчас я студент первого курса. У нас на курсе пять групп. Я в третьей группе. У нас дружная и очень весёлая группа! В группе, кроме меня, одни девочки, поэтому меня в первый же день выбрали старостой нашей группы.

Недавно на праздничном концерте, который так и называется «Посвящение в студенты», нам всем вручили студенческие билеты и зачётные книжки. В студенческом билете написано, что мы студенты, а также в каком университете, на каком факультете и в какой группе мы учимся. А в зачётной книжке будут стоять зачёты и оценки по всем экзаменам, которые мы сдаём в течение

студенческие билеты

всего времени обучения в университете. В конце последнего года обучения мы поменяем наши студенческие билеты и зачётные книжки на дипломы об окончании университета. Если в зачётной книжке бо́льшая часть оценок

устный экзамен в университете

«пятёрки», то мы получаем не просто диплом, а красный диплом!

Пока у нас не было ни одного зачёта и экзамена. Первая сессия начнётся через два месяца. Сейчас мы ходим на все пары – слушаем лекции и отвечаем на семинарах. Честно говоря, все мы немного боимся первой сессии, потому что зачёты и экзамены мы

63

будем сдавать устно. Каждый будет садиться перед преподавателем и отвечать на вопросы экзаменационного билета. Хорошо, что вопросы экзаменационных билетов по разным предметам нам дали заранее!

весёлая студенческая жизнь

Мы очень любим и уважаем наших преподавателей. Они отлично знают свой предмет, вкладывают все силы в то, чтобы передать нам свои знания. Кроме того, преподаватели относятся к нам с большим уважением – они называют нас на «Вы» и разговаривают с нами как со взрослыми. Это правильно! Мы уже не дети.

Надо сказать, что студенческая жизнь очень весёлая! У студентов есть свои традиции, которые нужно соблюдать. Так, например, 25 января – наш праздник, День студента! Ещё его называют Татьянин день! Его начали отмечать в далёком 1755 году и отмечали сначала только студенты МГУ, а сейчас отмечают все студенты всех городов России. В этот день устраивают студенческие концерты, конкурсы, вечеринки. Всем должно быть весело!

В России есть такая поговорка «От сессии до сессии живут студенты весело, а сессия всего два раза в год». Студенты действительно самый весёлый народ в России! Именно студенческие годы дарят русским бесценный опыт, настоящих друзей, добрые воспоминания! (*389 слов*)

4.27. Школьная жизнь и университетская жизнь отличаются друг от друга. Заполните таблицу.

В школе...	В университете...
школьник	студент
класс 1 (первый), 2 (второй), 3 (третий)...	курс 1 (первый), 2 (второй), 3 (третий)
класс «А», «Б», «В»	группа 1 (первая), 2 (вторая), 3 (третья)
староста класса	староста _____
Первый звонок	_____
дневник	_____
аттестат об окончании школы	_____
золотая или серебряная медаль	_____
урок (45 минут)	_____ (45+45=90 минут)
учитель	_____
«ты»	« ____ »
учебный год	учебный год
четверть	_____
каникулы	каникулы
***	сессия
экзамен	экзамен
***	зачёт
***	лекция
***	семинар
***	практическое занятие
***	Татьянин день
***	студенческое общежитие

4.28. Ответьте на вопросы.

(1) Почему Павел живёт дома с родителями, а не в общежитии?
(2) А вы где живёте - в общежитии или тоже дома с родителями?
(3) На каком курсе и в какой группе учится Павел?
(4) На каком курсе и в какой группе учитесь вы?
(5) Почему Павла выбрали старостой группы?
(6) Кто в вашей группе староста?
(7) Что получил Павел и другие студенты первого курса на Посвящении в студенты?
(8) У вас тоже есть студенческий билет и зачётная книжка?
(9) Почему Павел боится первой сессии?
(10) Вы помните, как вы сдавали свою первую сессию в университете?
(11) Почему в России преподаватели обращаются к студенту на «Вы»?
(12) В Китае преподаватели тоже обращаются к студенту на «Вы»?
(13) Какого числа в России отмечают День студента?
(14) В Китае тоже есть День студента?
(15) В России студенческая жизнь – весёлое незабываемое время. А вы можете сказать, что ваша студенческая жизнь весёлая?

4.29. У российских студентов есть свой праздник. Прочитайте про него. Вставьте в текст пропущенные слова в нужной форме.

Елизавета	МГУ	собираться	День студента
Татьяна	Москва	поздравлять	Татьянин день
Ломоносов	сессия	петь	дружба
полицейские	ректор	разговаривать	любовь
экзамены	история	пить	провожать

25 января 1755 года императрица _____ Петровна подписала указ о создании _____. По церковному календарю этот день – 25 января – был днём Святой _____. С тех пор считается покровительницей и помощницей всех студентов, а 25 января в России отмечают _____, или, как его ещё называют, _____.

Сначала особенно широко и шумно День студента отмечали только в _____. Праздник состоял из двух частей: официальной и неофициальной. Утром студенты _____ в большом зале МГУ, слушали речь _____ и профессоров, _____ друг друга и своих преподавателей, гимн студентов «Гаудеа́мус». К вечеру все шли на ужин. Во время ужина студенты весело _____, шутили, _____ песни, _____ много вина.

Разговаривали они, конечно, не о _____, не об _____ и зачётах, а о настоящей _____, _____ к Родине, свободе.

Вечером в этот день Москва превращалась в город студентов. Никого больше не было на улицах города. Если студенты попадали в неприятную _____, потому что много выпили, _____ не арестовывали их, а, наоборот, _____ их до дома.

Сегодня в МГУ в День студента самым талантливым студентам вручают премию _____. Но сегодня День студента отмечают не только в _____ и не только в _____, но и в других городах и вузах России. Главное, чтобы в этот день студенты почувствовали, что они принадлежат к особой нации – студенчеству.

Интернет-помощь: http://studikam.ru/portret-sovremennogo-studenta

ПРОВЕРЬТЕ СЕБЯ

4.30. Закончите предложения. В Китае тоже так?
(1) В России в 7 лет дети начинают …
(2) В России дети учатся в школе …
(3) В России 1 сентября…
(4) В России в школе есть традиция - …
(5) В русской школе дети получают …
(6) В России школьники сдают …
(7) В России после окончания школы дети …
(8) В России в вузы поступает…
(9) В России самые знаменитые вузы - …
(10) В России в университете студенты устно …
(11) В России 25 января…
(12) В России говорят: «От сессии до сессии…»

4.31. Кто когда и почему это говорит? Выберите правильный вариант ответа.
(1) - **Ни пуха ни пера! – К чёрту!**
  (А) Преподаватель студенту на экзамене
  (Б) Студент преподавателю после экзамена
  (В) Студент студенту перед экзаменом

(2) **От сессии до сессии живут студенты весело.**
  (А) Школьники перед новым учебным годом
  (Б) Студенты во время семестра
  (В) Старшеклассники после ЕГЭ

(3) **Через неделю каникулы закончатся, и мы все вернёмся в свою alma mater.**
  (А) Первоклассники накануне 1 сентября

(Б) Учителя во время летних каникул

(В) Студенты перед новым семестром

(4) Завтра вы все выходите во взрослую жизнь! Желаю вам удачи во всех начинаниях!

(А) Выпускница учителям на Последнем звонке

(Б) Первоклассница, которая даёт последний звонок, выпускникам

(В) Учителя выпускникам на выпускном вечере

(5) Дорогие ребята! Поздравляю вас с Днём знаний!

(А) Директор всем школьникам 1 сентября

(Б) Учителя выпускникам на Последнем звонке

(В) Преподаватели студентам на Посвящении в студенты

4.32. Что вы видите на этих фотографиях? Напишите 3 слова, которые приходят вам в голову, когда вы смотрите на каждую фотографию.

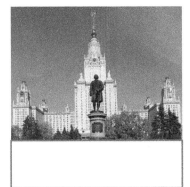

4.33. Как проходила жизнь Анны Кудрявцевой? Поставьте предложения в правильном порядке.

(.1.) Маленькая Аня каждый день ходила в детский сад, который находился во дворе их дома.

(…) Она закончила третий класс на одни пятёрки.

(…) Там ребята играли, учили новые песни и стихи, учились рисовать и клеить, занимались физкультурой.

(…) Учёба в начальной школе давалась ей легко.

(…) Ане было интересно всё, что связано с животным миром: где и какие животные обитают, чем они питаются, какой у них характер и привычки.

(…) Потом Аня пошла в первый класс. Она так мечтала об этом!

(…) В 9 классе Аня не сдала ЕГЭ по математике с первого раза, сдала только со второго раза и с большим трудом.

(…) В средней школе Аня влюбилась. Нет, не в своего одноклассника, а в новый предмет – в зоологию.

(…) Аня решила не учиться в старших классах, а уйти из школы и поступить в ветеринарный техникум.

(…) Преподаватели хвалят Анну за успехи в учёбе и стремление к знаниям. Они говорят, что ей обязательно надо продолжать учёбу в магистратуре.

(…) Но Аня решила учиться дальше. Она поступила в РУДН на ветеринарное отделение.

(…) Учёба в техникуме её так захватила! Она каждый день бежала на занятия как на праздник!

(…) Аня много читала про животных, ходила в зоопарк, смотрела документальные фильмы, но совсем не занималась русским языком, литературой, математикой, историей, физикой.

(…) Через 3 года она получила диплом и могла начать работать по специальности.

(…) Учителя говорили, что Ане не надо учиться в старшей школе, что у Ани нет никаких способностей, что она не может справиться даже с самым простым заданием.

(16.) Сама Аня говорит: «Когда ты занимаешься любимым делом, ты не обращаешь внимания на проблемы и трудности. Интерес и желание – лучшие учителя!»

4.34. Соедините начало и конец пословиц и поговорок об учёбе. Вы можете перевести их на китайский язык?

(1) Век живи	а неученье - тьма
(2) Всякое полузнание хуже	век учись
(3) Ученье - свет	всякого незнания
(4) Почитай учителя	да плод его сладок
(5) Знание	как родителя
(6) Не стыдно не знать	лучше богатства
(7) Корень ученья горек	лучшее учение
(8) Кто хочет много знать	стыдно не учиться
(9) Чтение	тому надо мало спать

Праздники в России

Кто не любит праздники? Праздники любят все!
В России очень много праздников: государственные, религиозные, семейные, профессиональные... Одни появились очень давно, другие – в советское время, третьи – в наши дни.

5.1. (А) Это календарь на 2013 год. Прочитайте названия месяцев. Ответьте на вопросы.

(1) Сколько месяцев оканчивается на БРЬ? Какие?

(2) Сколько месяцев оканчивается на ЛЬ? Какие?

(3) Сколько месяцев оканчивается на РЬ? Какие?

(4) Сколько месяцев оканчивается на НЬ? Какие

(5) Сколько месяцев не оканчивается на Ь? Какие?

(6) Сколько месяцев имеют ударение на последний (или единственный) слог? Какие?

(7) Сколько месяцев не имеют ударение на последний слог? Какие?

5.1. (Б) В календаре отмечены не только рабочие и выходные дни, но и праздничные дни. Посмотрите и скажите, какого числа праздники в России.

Например: *Первое января – праздничный день в России.*

* **Вы знаете, какие это праздники?**

ТЕКСТ 18. Самый главный праздник года

5.2. Новый год - один из самых главных и любимых праздников для русских. Посмотрите на картинки. Знаете ли вы, что это и кто это?

5.3. Прочитайте Текст 18. Проверьте, все ли слова в кроссворде вы записали правильно.

Самый главный праздник года
(Сочинение второклассницы)

Новый год – мой самый любимый праздник. И не только мой. Это также самый любимый праздник всех моих подруг, моего младшего брата, моих родителей, моих бабушки и дедушки, и даже нашей собаки. Трудно найти кого-нибудь в нашей стране, кто не любил бы этот чудесный праздник!

Мы так ждём Новый год, что начинаем готовиться к нему за две недели до самого праздника. Стираем бельё, убираем квартиру, покупаем продукты для новогоднего стола, готовим подарки друзьям и близким, шьём карнавальные костюмы. За три дня до праздника ставим в квартире ёлочку, украшаем её гирляндами, ёлочными игрушками, новогодними шарами. В день праздника я обычно помогаю маме на кухне. Мы готовим салаты, холодные закуски, горячие блюда и, конечно, праздничный торт! А папа с братом тем временем ставят на стол шампанское, мандарины, апельсины и конфеты – символы Нового года. В новогоднюю ночь квартира должна быть чистой, стол богатым, одежда красивой, а настроение прекрасным! Потому что все русские считают: как встретишь новый год, так его и проведёшь.

В девять часов 31 декабря к нам приходят гости: это наши бабушка и дедушка, наши тётя и дядя с детьми, друзья родителей. Мы, дети, просто обожаем Новый год, во-первых, потому что можно не спать всю ночь; во-вторых, потому что все мы надеваем карнавальные костюмы. Это не просто красивые платья, а одежда принцессы, бабочки, снежинки. В-третьих, в Новый год сбываются самые заветные желания, и мы получаем подарки, о которых давно мечтали.

Все садятся за праздничный стол в 10 часов. До Нового года остаётся два часа. За это время нужно проводить старый год. Взрослые вспоминают, какие события произошли в уходящем году, поднимают за это бокалы. Без пяти двенадцать мы включаем телевизор, чтобы послушать речь президента. Президент поздравляет всех с Новым годом, желает счастья, здоровья, благополучия! Затем мы слушаем бой самых главных часов в стране – Кремлёвских курантов - и считаем: «Один, два, три, четыре, пять, шесть, семь, восемь, девять, десять, одиннадцать, двенадцать!» Считают все гости за столом, соседи сверху и снизу, люди, живущие в соседнем доме, весь город! После слова «Двенадцать!», все кричат: «С Новым годом! С новым счастьем!», обнимаются, зажигают бенгальские огни, запускают хлопушки, радуются приходу Нового года! Мой брат и его друзья очень любят хлопушки, а нам с девочками больше нравится зажигать бенгальские огни.

Во время всеобщего веселья приходит Дед Мороз. Он старенький, весь седой, за спиной у него мешок с подарками. У Деда Мороза есть помощница – его внучка Снегурочка, красивая, милая, добрая девушка. Когда я вырасту, я тоже хочу быть похожей на Снегурочку! Дедушка Мороз никогда не отдаёт подарки просто так. Ему нужно спеть песню, рассказать стихотворение или станцевать танец. Только тогда он откроет свой волшебный мешок и подарит тебе то, о чём ты так долго мечтал! Мне в этом году подарили коньки! В тот момент я была самой счастливой девочкой в мире!

А я свой подарок для папы и мамы оставила под ёлкой. Это тоже добрая новогодняя традиция. В первое утро нового года родители подошли к ёлочке и нашли там открытку с пожеланиями, которую я сделала своими руками.

Замечательный праздник - Новый год! Мы любим его не только за подарки, вкусную еду, многодневный отдых, но и за всеобщее веселье, веру в чудеса, душевное тепло, несмотря на зимние морозы (*516 слов*).

ОБРАТИТЕ ВНИМАНИЕ!!!

желание ≠ пожелание

Желание – это наша мечта; то, чего мы хотим.

Пожелание – это слова; то, что мы говорим другим.

- У меня много желаний: найти хорошую работу, поехать путешествовать с друзьями, купить новый компьютер.
- У меня для вас такие пожелания: пусть все будут здоровы, пусть в семье будет любовь и понимание, пусть все будут счастливы.
- Напиши на этом листочке своё желание, но никому не показывай, а то оно не сбудется.
- Напиши в открытке свои пожелания. Твой русский друг прочитает, ему будет очень приятно.

5.4. (А) Какой глагол подходит к каждой группе слов? Если вы не знаете, поищите ответы в Тексте 18.

(1) ждать
| Новый год |
| гостей |
| Деда Мороза |

(2) _____
| подарки |
| салаты |
| закуски |
| горячие блюда |

(3) _____
| ёлку |
| шампанское (*на стол*) |
| мандарины (*на стол*) |

(4) _____
| речь президента |
| бой курантов |
| песни и стихи |

(5) _____
| подарки |
| поздравления |
| открытки |

(6) _____
| желания |
| мечты |

(7) _____
| счастья |
| здоровья |
| благополучия |

(8) _____
| с Новым годом |
| с праздником |
| с Днём рождения |

(9) _____
| старый год |
| гостей |
| ребёнка в школу |

(10) _____
| ёлку |
| комнату |
| городскую площадь |

5.4. (Б) Закончите предложения. Используйте словосочетания из упражнения 5.4. (А).

Сегодня Новый год! Вся наша семья собралась у нас дома.

Все мы с нетерпением ___ ждём Нового года ___!

Сейчас 8 часов вечера. Мы готовимся к празднику.

Мама _____.

Папа _____.

Мой младший брат _____.

Бабушка и дедушка _____.

А я _____.

Скоро 12 часов! Новый год вот-вот войдёт в наш дом!

Сначала мы _____.

Потом мы _____ и _____.

Теперь мы _____.

Праздники в России ТЕМА 5

Новый год – самый любимый праздник у всех в России!

Мои родители любят Новый год, потому что _____.

Мои бабушка и дедушка любят Новый год, потому что _____.

Мы с братом любим Новый год, потому что _____.

5.5. Как вы понимаете слова «Как встретишь новый год, так его и проведёшь»? Закончите предложения.

(1) Русские говорят: «Как встретишь новый год, так его и проведёшь». В эту новогоднюю ночь я надела своё самое красивое платье. Я надеюсь, что весь год я буду _____.

(2) Русские говорят: «Как встретишь новый год, так его и проведёшь». В эту новогоднюю ночь у нас на столе было много вкусной еды. Мы надеемся, что весь год мы будем _____.

(3) Русские говорят: «Как встретишь новый год, так его и проведёшь». В эту новогоднюю ночь к нам в гости пришли наши самые близкие друзья. Мы надеемся, что весь год _____.

(4) Русские говорят: «Как встретишь новый год, так его и проведёшь». В эту новогоднюю ночь меня срочно вызвали на работу. Наверное, весь _____.

(5) Русские говорят: «Как встретишь новый год, так его и проведёшь». В эту новогоднюю ночь я спал, потому что заболел. Наверное, весь год _____.

5.6. В России все знают Де́да Моро́за, а в Европе и в Америке все знают Са́нта Кла́уса. Посмотрите на картинки и прочитайте информацию в табличке. Дед Мороз и Санта Клаус очень похожи?

Дед Мороз	О ком идёт речь?	Санта Клаус
	(1) символ Нового года (2) символ Рождества (3) носит красную короткую шубу (4) носит синюю или красную длинную шубу (5) все дети его любят и очень ждут (6) у него длинная белая борода и усы (7) он ездит на тройке (8) он ездит на оленях (9) у него есть мешок с подарками (10) он бросает подарки через трубу в доме, поэтому нужно повесить носки на камин (11) чтобы получить подарок, нужно спеть песню, рассказать стихотворение или станцевать (12) у него есть внучка Снегурочка	

5.7. (А) Какие символы Нового года вы знаете? Как вы думаете, что такое «Оливье́»? Прочитайте небольшой текст и найдите ответ на этот вопрос.

Салат "Оливье" - это обязательное блюдо на новогоднем столе в современной России. Этот простой и вкусный салат имеет такое же значение, как пельмени во время китайского Праздника Весны. Это и символ праздника, и возможность нескольким членам семьи собраться на кухне и вместе готовить блюдо.

В XIX веке этот салат придумал хозяин одного известного московского ресторана, французский повар по фамилии Оливье. Москвичи долго не понимали, как у Оливье получается такой вкусный салат, поэтому и назвали салат его именем. А дело было в том, что французская кухня намного сложнее русской и Оливье добавлял в свой салат очень много редких и дорогих продуктов. В XX веке салат "Оливье" стали готовить уже по-русски: из самых простых продуктов - картошки, моркови, огурцов, яйца, горошка и колбасы. Сначала все овощи и яйца варят, потом всё режут кубиками и добавляют майонез. Салат готов!

Салат "Оливье" в России так любят, что готовят не только на Новый год, но и на самые разные праздники. В других странах "Оливье" не готовят. За границей этот салат иногда называют "Русским салатом". А вот в кафе и ресторанах в России это блюдо называется "Салат мясной".

5.7. (Б) Как вы думаете, на какой из этих картинок «Оливье»?

5.7. (В) Задайте как можно больше вопросов.

Салат «Оливье»

Кто?	
Когда?	
Как?	
Где?	
Что?	
Почему?	
Какой?	
... или...?	
...?	

ТЕКСТ 19. Религиозные праздники

5.8. Расположите слова в правильном порядке: Пасха, Великий пост, Рождество, Масленица.

5.9. Прочитайте Текст 19 и проверьте, правильно ли вы сделали упражнение 5.8.

Религиозные праздники

Не последнюю роль в современной российской жизни играет православная религия. Православная церковь имеет свой календарь религиозных праздников, самыми главными из которых являются Рождество и Пасха.

Рождество – день, когда родился Иисус Христос. В России этот праздник отмечают в ночь с 6 на 7 января, а не 25 декабря, как на Западе. Во всех церквях и соборах России в эту ночь большой праздник. Люди, которые верят в Бога и регулярно ходят в церковь, обязательно идут на богослужение в эту ночь. Остальные остаются дома, приглашают к себе друзей и родственников, накрывают на стол, вместе ужинают. В России нет определённых праздничных блюд, которые обязательно готовят на Рождество. Надо сказать, что рождественская ночь – особенная ночь. Это время, когда можно заглянуть в будущее. Молодые девушки, которые ещё не вышли замуж, могут гадать в эту ночь. Они гадают на картах, на зеркалах, на свечах, на кофе. Существует много способов гадания. Есть и очень простые, шуточные гадания: например, выйти на улицу и спросить первого встретившегося мужчину, как его зовут. Такое же имя будет носить и будущий муж этой девушки. Важно отметить, что в России Рождество не такой любимый праздник, как Новый год, хотя в последние годы он становится всё более и более популярным.

Второй важный религиозный праздник – Пасха. Пасху отмечают весной. Пасху отмечают по церковному календарю, поэтому каждый год Пасха приходится на одно из весенних воскресений. Пасха – это день, когда воскрес Иисус Христос. Поэтому в этот день русские не говорят друг другу «Здравствуй». Вместо этого нужно сказать: «Христос воскрес» (= Вы знаете, Христос умер, а потом опять стал живым?) и услышать в ответ: «Воистину воскрес!» (= Да, это действительно так). На Пасху есть традиция красить яйца в разные цвета: красный, синий, жёлтый, зелёный, розовый, оранжевый. Кроме того, на Пасху едят сладкий хлеб – кулич. На Пасху люди едят много и с удовольствием! До Пасхи, по правилам православия, нельзя есть мясо, масло, яйца, пить молоко. Этот период в жизни русских называется Великий пост.

За неделю до Великого поста и за восемь недель до Пасхи в России отмечают Масленицу. Масленица – это народный праздник, один из самых старых праздников в России. Каждый год Масленицу отмечают в разные дни – в конце февраля – начале марта, но обязательно празднуют целую неделю – с понедельника по воскресенье. Масленица – это последняя неделя перед Великим постом, поэтому на Масленицу всю неделю нужно есть блины с маслом, со сметаной, с мёдом, с вареньем. Блин – круглый, горячий, жёлтый, как солнце! Блин не случайно стал символом Масленицы. Ведь Масленица – это праздник, когда провожают зиму и встречают весну. В это время солнце начинает греть сильнее, дни становятся длиннее, снег тает. Всю неделю люди радуются тому, что зима уходит: они устраивают гулянья на улицах, поют, танцуют, веселятся. В последний день масленичной недели сжигают чучело Масленицы. Зима закончилась! Начинается весна и… Великий пост.(*449 слов*)

ОБРАТИТЕ ВНИМАНИЕ!!!

В + ДЕНЬ

В / НА + ПРАЗДНИК

НА + *название праздника, дата*

- в День России, в день рождения, в День знаний
- на Праздник Весны, на Праздник Цинмин
- на Пасху, на Масленицу, на Рождество, на 8 марта, на 9 мая

5.10. (А) Найдите в тексте слова:

(1) Синоним слова «*праздновать*» - _____

(2) Слово, похожее на английское слово «*tradition*» - _____

(3) Слово, похожее на английское слово «*symbol*» - _____

5.10. (Б) Закончите предложения.

(1) В Китае есть традиция: в Праздник середины осени…

(2) По традиции в России на Масленицу…

(3) В Китае символ богатства - …

(4) В России символы Нового года - …

(5) В Китае День образования КНР отмечают…

(6) В России День знаний отмечают…

5.11. (А) Найдите в Тексте 19 и подчеркните предложения с этими словами. Переведите их на китайский язык.

день, когда…	пери́од, когда…	за (*сколько времени*) до (*чего*)
в течение…	… перед…	в ночь с… на…

5.11. (Б) Составьте предложения с этими словами.

(1) Новый год отмечают (31 декабря, 1 января).

(2) В России Рождество отмечают (6 января, 7 января).

(3) На Западе Рождество отмечают (24 декабря, 25 декабря).
(4) Сессия - это (сдавать экзамены).
(5) Каникулы – это (студенты и школьники, отдыхать).
(6) Выходной день – это (не работать, не учиться).
(7) Пасха – это (Иисус Христос, воскреснуть).
(8) На Масленицу люди едят блины (7 дней).
(9) Во время Великого Поста люди не едят мясо, масло, яйца (7 недель).
(10) Мы начали готовиться к свадьбе (месяц).
(12) Русские начинают готовиться к Новому году (2 недели).
(13) Президент выступает с речью по телевизору (5 минут, Новый год).
(14) Великий пост начинается (7 недель, Пасха).
(15) 31 августа – это последний день (новый учебный год).

5.12.(А) Найдите в Тексте 19 и подчеркните предложения с этими словами. Переведите их на китайский язык.

| по (*какому*) календарю |
| приходиться на (*какой день, какое число*) |

5.12. (Б) Дайте полные ответы на вопросы.
(1) Какого числа по лунному календарю отмечают в Китае Праздник Весны?
(2) На какое число по григорианскому календарю пришёлся / приходится в этом году Праздник Весны?
(3) Какого числа по лунному календарю отмечают в Китае Праздник середины осени?
(4) На какое число по григорианскому календарю пришёлся / приходится в этом году Праздник середины осени?
(5) Какого числа по лунному календарю отмечают в Китае Праздник Дуаньу?
(6) На какое число по григорианскому календарю пришёлся / приходится в этом году Праздник Дуаньу?

5.13. Посмотрите на фотографии. Какой это праздник - Рождество, Масленица или Пасха? Почему вы так думаете?

5.14. Ответьте на вопросы.

(1) Какие религиозные праздники есть в России?
(2) Какого числа в России отмечают Рождество?
(3) Какого числа на Западе отмечают Рождество?
(4) Какие традиции соблюдают в России на Рождество?
(5) Когда в России отмечают Пасху?
(6) Почему люди отмечают Пасху? Что случилось в этот день?
(7) Какие традиции соблюдают люди в России на Пасху?
(8) Масленица – это тоже религиозный праздник?
(9) Сколько дней отмечают Масленицу?
(10) Почему люди отмечают Масленицу?
(11) Какие традиции соблюдают люди на Масленицу?
(12) Что начинается сразу после Масленицы?
(13) Что такое Великий пост?
(14) Сколько времени идёт Великий пост?

ТЕКСТ 20. Любимые праздники

5.15. Мы знаем, что в России Новый год – самый любимый праздник. Как вы думаете, какие праздники ещё особенно любят в России? Выберите 3 самых любимых, по-вашему, праздника.

(1) День театра
(2) День учителя
(3) День космонавтики
(4) День Победы
(5) День защиты детей
(6) День защитника Отечества
(7) Международный женский день
(8) День знаний

5.16. Прочитайте Текст 20 и сравните ответы, данные в тексте, с вашими ответами.

Любимые праздники

Журналист: Здравствуйте, уважаемые радиослушатели. Мы решили обратиться к прохожим на улице с вопросом: «Какой праздник, кроме Нового года, для вас является самым любимым?» Мы получили самые разные ответы.

Мужчина: Конечно, 23 февраля – День защитника Отечества.

Журналист: Почему? Это Ваш профессиональный праздник? Вы военный?

Мужчина: Нет. По профессии я инженер. Но всем известно, что в нашей стране 23 февраля давно перестал быть праздником только военных, это праздник всех мужчин. В России военную службу обязательно должны проходить все мужчины страны. Маленькие мальчики в будущем будут солдатами, старые дедушки в прошлом были солдатами, многие молодые люди сейчас несут военную службу. Вот и получается, что все мы защитники наших матерей, детей, нашей Родины!

Журналист: А как Вы обычно отмечаете этот праздник?

Мужчина: Жена и дочки поздравляют меня с утра. На работе женщины поздравляют всех мужчин нашего завода. А вечером мы собираемся с друзьями, смотрим концерт в честь праздника, ужинаем.

Журналист: Обратимся с таким же вопросом к представительнице слабого пола. Скажите, пожалуйста, какой праздник самый любимый для Вас?

Девушка: 8 марта – Международный женский день. Начало весны, ещё снег лежит на улицах, холодно, а вокруг мужчины с цветами, женщины красивые, тёплые слова, солнечные улыбки. Что может быть прекраснее?

Журналист: А какой подарок на 8 марта Вам особенно запомнился?

Девушка: Мой муж каждый год делает мне такой подарок. В этот день он освобождает меня от всех домашних дел: сам убирает, стирает, моет, покупает продукты в магазине и готовит ужин, на который я приглашаю всех своих подруг. А ещё каждый год к этому празднику он пишет специально для меня стихи!

Журналист: Теперь я понимаю, почему для вас именно этот праздник самый любимый! Скажите, пожалуйста, а Вам какой праздник нравится больше других?

Пожилой человек: На этот вопрос очень просто ответить. Это 9 мая – День Победы. Мы шли к этому празднику долгой тяжёлой дорогой с 1941 по 1945 год. Мы заплатили за этот праздник очень высокую цену – 20 миллионов жизней.

Журналист: Вы тоже участвовали в Великой Отечественной войне?

Пожилой человек: В то время я был ещё ребёнком. Мой отец погиб под Сталинградом. Каждый год 9 мая я прихожу к Вечному огню, приношу цветы и благодарю всех, кто боролся за мир во всём мире и победил!

Журналист: Вы плачете?

Пожилой человек: Это слёзы и радости, и горя. Недаром же в знаменитой песне об этом празднике поют «Это праздник с сединою на висках. Это радость со слезами на глазах».

Журналист: Рассказываете ли Вы своим детям и внукам о той войне, о Великой Победе?

Пожилой человек: А как же! И рассказываю, и показываю. Мы с внуком каждый год смотрим по телевизору военный парад на Красной площади в Москве. А вечером обязательно идём смотреть салют. Пусть дети наших детей знают о том, что такое война, только из наших рассказов!

Журналист: Большое Вам спасибо! Крепкого Вам здоровья и долголетия!

Итак, из ответов прохожих мы узнали, что самыми любимыми праздниками являются День защитника Отечества, Международный женский день и День Победы! Все эти праздники родились и стали популярны в советское время. А какие праздники появились в современной России? Об этом вы узнаете из нашего следующего репортажа.(*499 слов*)

5.17. Правильно соедините слова в таблице.

(1) Международный женский день	9 мая	• день окончания Великой Отечественной войны (1941-1945 г.)
(2) День защитника Отечества	23 февраля	•праздник всех девочек, девушек и женщин не только в России, но и во многих странах мира
(3) День Победы	8 марта	•появился как профессиональный праздник военных, но сейчас праздник всех мальчиков, юношей, мужчин

5.18. Да или нет? Если нет, то почему?

(1) Новый год – главный и единственный праздник, который любят все русские. ☐

(2) День защитника Отечества – это профессиональный праздник военных. ☐

(3) 23 февраля мужчины поздравляют женщин, а 8 марта женщины поздравляют мужчин. ☐

(4) Россия – не единственная страна, где отмечают 8 марта. ☐

(5) 9 мая отмечают День Победы во Второй мировой войне. ☐

(6) За время войны СССР потерял 20 млн. человек. ☐

(7) В Международный женский день на улице снег и морозы, у людей холодные лица и плохое настроение. ☐

(8) 23 февраля можно увидеть военный парад на Красной площади. ☐

(9) 9 мая вечером в Москве и во многих других городах России можно увидеть салют. ☐

(10) Международный женский день – это «праздник со слезами на глазах». ☐

5.19. Вы уже писали пожелания своим русским друзьям и преподавателям? Прочитайте внимательно эти пожелания и заполните пропуски.

Открытка 1 (8 Марта):
Дорогая _____,
Поздравляю тебя с _____!
_____ тебе красоты, любви, здоровья, большого счастья!
Я тебя очень люблю!
Твой сын _____

Открытка 2 (23 февраля — С Днём защитника Отечества!):
Дорогой _____,
_____ тебя с _____!
_____ тебе всегда быть здоровым, сильным, смелым!
Спасибо, что защищаешь нашу _____, наш город, маму, бабушку и меня.
Твоя сестрёнка _____

Открытка 3 (9 мая — С Днём Победы!):
Дорогие ветераны!
_____ вас с _____!
Не думая о себе, вы боролись с жестоким ненавистным врагом во время _____!
Мы преклоняемся перед Вашим мужеством и героизмом!
Благодарим Вас за мир во всём _____! Благодарим Вас за нашу _____!
Ученики 5 «А» класса

ТЕКСТ 21. Праздники нового времени

5.20. Прочитайте названия новых праздников. Как вы думаете, какие из них действительно отмечают в России, а какие - нет?

(1) День рождения Президента РФ ☐
(2) День независимости РФ ☐
(3) День России ☐
(4) День Красной площади ☐
(5) День народного единства ☐
(6) День Конституции РФ ☐
(7) День гимна РФ ☐
(8) День российского флага ☐

5.21. Прочитайте Текст 21 и проверьте, правильно ли вы сделали задание 5.20.

Праздники нового времени

Журналист: Здравствуйте, господин Президент. Сегодня мы хотели бы рассказать нашим радиослушателям о самых «молодых» праздниках современной России.

Президент: С удовольствием помогу Вам в этом. Тем более что в современной России немало новых праздников – День России, День российского флага, День народного единства, День Конституции. Все эти праздники появились после 1991 года, то есть после распада СССР.

Журналист: Да, всем известно, что День России начали отмечать в 1992 году.

Президент: Совершенно верно. 12 июня 1990 года Россия вышла из состава СССР и стала независимым государством. А 12 июня 1991 годы был выбран первый президент Российской Федерации. Начиная с 1992 года, каждый год 12 июня отмечают День России. И у этого праздника уже появились свои традиции. Например, с 11 по 13 июня в московском метро можно услышать известные песни и стихотворения о России.

Журналист: Из традиций ещё можно назвать вручение государственной премии в Кремле, концерт на Красной площади, салют в Москве и во многих городах России. День России – большой праздник для всей нашей страны!

Президент: В современной России есть ещё один не менее важный праздник – День народного единства. Его отмечают каждый год 4 ноября.

Журналист: Праздник довольно «молодой», и многим людям до сих пор не понятна идея этого праздника.

Президент: Этот праздник связан с историческими событиями 1612 года. 4 ноября 1612 года русский народ освободил Москву от польских захватчиков. Ещё раз было доказано, вместе мы сила! А собрали вместе русский народ и повели за собой два человека – Кузьма Минин и Дмитрий Пожарский. Памятник Минину и Пожарскому стоит в Москве на Красной площади.

Журналист: Да, теперь это символ праздника! Каждый год 4 ноября люди приносят к этому памятнику цветы.

Президент: Я тоже обязательно нахожу время и прихожу в этот день к памятнику Минину и Пожарскому с цветами.

Журналист: Все знают, что Россия – многонациональная страна. В День народного единства, по-моему, мы тоже должны вспоминать об этом.

Президент: Да, конечно. В следующем году 4 ноября мы собираемся организовать в Москве марш людей разных национальностей, которые живут в России. Надеемся, это станет хорошей традицией этого «молодого» праздника.

Журналист: Кстати, я знаю, что есть ещё два праздника, о которых знают даже не все россияне, потому что эти праздники появились недавно и являются рабочими днями. Это День государственного флага РФ и День Конституции РФ.

Президент: Как хорошо, что Вы знаете и об этих праздниках! День государственного флага РФ отмечают 22 августа, а День Конституции РФ – 12 декабря. И хотя эти дни являются рабочими и эти праздники пока не имеют своих определённых традиций, мы все знаем, что эти праздники очень важны для современной России. Ведь бело-сине-красный флаг РФ - государственный символ страны. А Конституция РФ – основной закон нашего государства.

Журналист: Господин Президент, к сожалению, время нашей

радиопередачи подходит к концу. Я от лица всех наших слушателей благодарю Вас за рассказ о праздниках современной России. Напоследок разрешите задать Вам ещё один вопрос: какой из четырёх новых праздников является для вас самым любимым?

Президент: Я люблю все четыре праздника! И люблю их не за лишний выходной день, не за возможность поднять бокал вина, а за праздничную атмосферу, возможность собраться со своей семьёй и с друзьями, за улыбки на лицах людей и добрые пожелания на будущее! (*513 слов*)

ОБРАТИТЕ ВНИМАНИЕ!!!

> В этом тексте у глагола «собираться» 2 значения:
>
> (1) встречаться с друзьями и делать что-то вместе
>
> (2) планировать сделать что-то
>
> - Мы собираемся на Красной площади перед входом в Исторический музей. Там нас будет ждать преподаватель.
> - Мы с друзьями собираемся пойти на Красную площадь. Говорят, там открыли каток.
> - Хотя я окончил университет 5 лет назад, мы часто собираемся с бывшими однокурсниками.
> - В этом году 5 лет с тех пор как мы окончили университет. Мы собираемся устроить вечер встречи однокурсников.
>
> * А в каком значении в этом тексте используется слово «собираться»?

5.22.(А) Найдите в Тексте 21 предложение со словом «связан с (чем)». Как перевести это предложение на китайский язык?

5.22. (Б) Что с чем связано? Составьте свои предложения с этим словом.

что	связан(-о, -а, -ы) с	чем
(1) Масленица (2) День Победы (3) День России (4) День Конституции (5) Рождество (6) День знаний (7) Слово «защитник» (8) Слово «единство» (9) День народного единства		• начало учебного года • принятие этого документа 12 декабря 1993 года • начало весны • имена Минина и Пожарского • события 1990 и 1991 года • Великая Отечественная война • слово «защищать» • традиции православия • слово «единый», «один»

5.23. (А) Посмотрите на эти факты. Один факт о каждом празднике указан неверно. Исправьте ошибки.

(1) День России – 12 декабря - события 1990 и 1991 года – концерт, премия, салют

(2) День государственного флага – 22 августа – белый, синий, красный – выходной день

(3) День народного единства – 4 ноября – события 1812 года – памятник Минину и Пожарскому

(4) День Конституции РФ – 12 декабря – событие 1993 года – главный символ государства

5.23. (Б) Составьте небольшие рассказы про каждый из новых российских праздников. Используйте слова из упражнения 5.23. (А)

5.24. Прочитайте текст. Вставьте пропущенные слова.

В последнее время в России появилось много новых _____ – День _____, День _____ единства, День Конституции. Появление этих праздников _____ появлением нового государства – _____.

СССР ушёл в историю. Вместе с ним ушли в историю и некоторые праздники. Раньше вся страна широко _____ 7 ноября – Праздник Великого Октября. Это был самый главный _____ в году. Он был _____ с историческими _____ 1917 года, с именем В.И. Ленина. В этот день в каждом городе устраивали парады и концерты. Если вы будете смотреть советские _____ и читать _____ о советском времени, то обязательно поймёте, каким важным был этот _____ для всей страны и для каждого человека.

Кроме 7 ноября, в _____ также широко _____ 1 мая – Всемирный день солидарности трудящихся. В этот день рабочие чувствовали, что все они братья, потому что делают одно общее и очень важное дело.

В современной России всё ещё _____ 1 мая. Теперь он называется День весны и труда. Этот_____ сегодня не так широко, большинство людей просто _____ на даче или дома в этот выходной день.

Если вам трудно, то используйте эти слова

праздник(и)	отмечать	события	Российская Федерация
народный		связан с...	книги	Россия
день	отдыхать	фильмы	СССР

Интернет-помощь: http://www.rusevents.ru/

ПРОВЕРЬТЕ СЕБЯ

5.25. Заполните таблицу.

Праздник	Дата	Символы / традиции / происхождение праздника
(1) Новый год	в ночь с 31 декабря на 1 января	Символы: ёлка, Дед Мороз, Снегурочка, мандарины, шампанское, конфеты
(2)		Традиции: Девушки любят гадать; люди ходят в церковь
(3) День защитника Отечества		Праздник не только военных, но и всех мужчин
(4)	8 марта	Символы:
(5)	за 8 недель до Пасхи	Традиции:
(6)	в весеннее воскресенье	Традиции: Говорят: «Христос воскрес» - «Воистину воскрес!»
(7) День весны и труда	1 мая	Имел значение в советское время. Сейчас просто выходной день
(8)		В честь Победы в Великой Отечественной войне (1941-1945); поздравляют ветеранов; приносят цветы к Вечному огню; смотрят военный парад и салют
(9)		В честь образования Российской Федерации; Президент вручает премии
(10)	22 августа	Символ:
(11) День народного единства		
(12)		В честь принятия Конституции РФ в 1993 г.

5.26. В Китае, как и в России, много праздников. Конечно, китайские праздники и русские праздники не очень похожи. Давайте сравним их!

Парные надписи

Праздник Весны
(Китайский новый год)

Фейерверки

Китайские фонари на Праздник Юаньсяо

Праздник Дуаньу («Праздник драконьих лодок»)

Цзунцзы

Юэбины («лунные пряники»)

День образования КНР

Богиня Чанъэ и лунный заяц

(1) В России в Новый год вся семья собирается вместе. В Китае в Праздник Весны _вся семья тоже собирается вместе_.

(2) В России на Масленицу едят блины. В Китае в Праздник середины осени _____.

(3) В России на Масленицу радуются солнцу. В Китае в Праздник середины осени _____.

(4) В России отмечают Международный женский день. В Китае _____.

(5) В России отмечают Рождество и Пасху. В Китае молодые люди _____.

(6) В России 12 июня отмечают День России. В Китае 1 октября _____.

(7) В России в честь Дня России люди отдыхают только один день. В Китае в честь Дня образования КНР _____.

(8) В России в честь Нового года и Рождества люди отдыхают 10 дней. В Китае в честь Праздника Весны _____.

(9) Перед Новым годом русские ставят в доме ёлку. Перед Праздником Весны китайцы _____.

(10) Шампанское и мандарины – символы Нового года в России. _____.

(11) Дед Мороз и Снегурочка – символы Нового года в России. _____.

(12) В России на Пасху едят крашеные яйца и куличи. В Китае в Праздник Дуаньу _____.

(13) В России 9 мая во многих городах люди смотрят праздничный салют. В Китае в Праздник Весны запускают _____.

Вы можете привести ещё примеры?

5.27. Ваш друг, который только начал изучать русский язык, ничего не знает о русских праздниках. Объясните ему, что происходит.

(1) Ты знаешь, со мной только что произошла странная история. Я шёл по улице и ко мне подбежали три красивые девушки. Одна из них спросила: «Как Вас зовут?» Я сказал: «Меня зовут Кристофер». Девушки рассмеялись и убежали. Что это было, ты можешь мне объяснить?

(2) Ты знаешь, со мной только что произошла странная история. Я шёл по улице и вдруг увидел, что что-то горит. Большой пожар! Я хотел звонить в пожарную службу, но телефона я не знаю. Там было много людей, я хотел спросить у них, но они смотрели на огонь и улыбались. Что это было, ты можешь мне объяснить?

(3) Ты знаешь, со мной только что произошла странная история. Я вышел из общежития и вдруг увидел необычного старика в красной шубе, с длинной белой бородой и с мешком в руках. Потом я проходил мимо детского сада и снова увидел такого же странного старика, зашёл в универмаг - там сидит такой же старик, пошёл я по улице и увидел целый автобус таких вот странных стариков. Что это? Новая мода? Объясни мне, пожалуйста.

(4) Ты знаешь, со мной только что произошла очень странная история. Я пошёл прогуляться в центр Москвы и вдруг слышу, солдаты маршируют, а потом я услышал, как где-то недалеко танки едут, а потом увидел, как в небе военные самолёты летят. Я заметил, что на улицах много пожилых людей, некоторые из них плачут. Что это? Неужели война начинается? Объясни мне, пожалуйста.

(5) Ты знаешь, со мной только что произошла странная история. Я собирался вечером в театр и хотел купить букет цветов. Зашёл в один цветочный магазин, там мне сказали, что цветы уже кончились. Зашёл в другой, там тоже ничего не оказалось. Зашёл в третий, там ещё осталось несколько букетиков, но цена очень высокая. Что случилось с цветами? Куда они делись? Объясни мне, пожалуйста.

5.28. Познакомьтесь с этими явлениями русской культуры. Как вы думаете, с какими праздниками они связаны?

(1) Песня «Маленькой ёлочке холодно зимой» связана с...
(2) Песня «Нам нужна одна победа» связана с...
(3) Поговорка «Дорого яичко ко Христову дню» связана с...
(4) Поговорка «Не всё коту Масленица, будет и Великий пост» связана с...
(5) Фильм «Карнавальная ночь» связан с...
(6) Фильм «Ирония судьбы, или С лёгким паром!» связан с...

Кадр из фильма «Ирония судьбы, или с лёгким паром» (1975 г.)

Кадр из фильма «Карнавальная ночь» (1956 г.)

Русская кухня

«Скажи мне, что ты ешь, и я скажу, кто ты» - так можно перефразировать ставшие известными слова о друге. Национальная кухня действительно может рассказать о людях и о культуре страны очень много. Не верите?

Давайте попробуем! Итак, поговорим о русской кухне...

6.1. (А) Вы уже кое-что знаете о еде в России из предыдущих уроков. Разгадайте кроссворд.

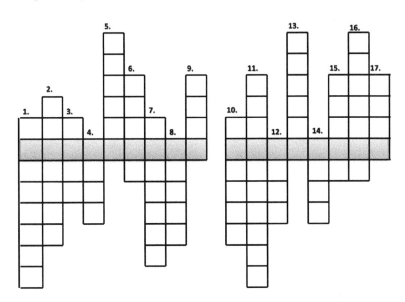

(1) Это один из символов Нового года. Он очень похож на мандарин.

(2) Летом на даче много ягоды. Хозяйки готовят из них…, чтобы есть зимой.

(3) Оно может быть красное, может быть белое. Этот напиток делают из винограда, поэтому он так и называется…

(4) На Пасху русские красят…

(5) Летом на даче много фруктов – яблоки, груши, сливы. Хозяйки готовят из них…, чтобы пить зимой.

(6) На Масленицу русские едят… Это символ солнца и наступающей весны.

(7) Летом на даче много огурцов и помидоров. Хозяйки готовят из них…, чтобы есть зимой.

(8) Многие русские в конце лета и в начале осени ездят в лес, собирают там…

(9) Если мы спросим у русских мужчин, что они любят больше-рыбу или мясо, то большинство из них ответит: «…»

(10) Блюдо из мяса, которое готовят на свежем воздухе и очень любят в России.

(11) Это один из символов Нового года. Оно обязательно должно быть на столе в новогоднюю ночь.

(12) Этот алкогольный напиток занимает третье место в мире по популярности (после воды и чая). Его очень любят в России.

(13) Это салат, который русские обязательно готовят на Новый год.

(14) Это символ любого праздника в России. Новый год или День рождения, свадьба или Международный женский день, он обязательно стоит на столе.

(15) На Пасху русские пекут и едят…

(16) Могут быть из шоколада, а могут быть не из шоколада, но они всегда такие вкусные. Особенно их любят дети.

(17) Уха – это суп из… Особенно вкусную уху готовят на рыбалке.

6.1. (Б) Какие слова вы можете прочитать в кроссворде по горизонтали? Когда русские говорят эти слова?

ОБРАТИТЕ ВНИМАНИЕ!!!

В Китае часто можно услышать такие слова 吃饭了吗?
Это такая форма приветствия. На русский язык их нельзя переводить «Вы уже поели?», по-русски нужно просто сказать «Здравствуйте!»

Русская кухня ТЕМА 6

ТЕКСТ 22. Когда и что едят русские?

6.2. Посмотрите на картинку. Ответьте на вопросы.

(1) Как вы думаете, где находятся Д.А. Медведев и этот мальчик – в кафе, в ресторане или в столовой? (фото 1)

(2) Что в руке у мальчика? Что в руке у Д.А. Медведева? (фото 1)

(3) Как вы думаете, что на фотографии – завтрак, обед или ужин? (фото 2)

(4) Сколько тарелок на столе? (фото 2)

(5) Есть ли на столе овощи? (фото 2)

(6) Есть ли на столе хлеб? (фото 2)

(7) Есть ли на столе суп? (фото 2)

(8) Как вы думаете, что ещё есть на столе? (фото 2)

6.3. Прочитайте первую часть Текста 22.

Когда и что едят русские?

(Часть I)

Я приехала в Петербург в первый раз. Мы с моей русской подругой гуляли по городу, фотографировались, смеялись, но тут наступило время обеда.

- Пойдём пообедаем? – предложила моя русская подруга.

- С удовольствием! – согласилась я.

Мы пришли в столовую. На двери было написано:

8.00 – 10.00 (завтрак)

12.00 – 14.00 (обед)

17.00 – 19.00 (ужин)

Я посмотрела на часы. Было как раз 12:55. Мы вошли в зал. Я увидела десять столов, но за столами никого не было.

- Почему здесь так пусто? Неужели здесь невкусно готовят?

- Что ты! Очень вкусно! Просто обед на многих предприятиях и в офисах в России с 13 до 14 часов. Только у студентов обед начинается в 12. Но у них обед всего 30 минут. Они уже давно поели.

- Возьмём подносы. Что ты будешь есть на первое? Какой суп?

- А обязательно брать суп на первое? Можно взять что-нибудь другое?

- Нет, первое блюдо на обед обязательно суп. Борщ, щи, гороховый суп, куриный суп. Что тебе больше нравится?

- Я буду вот этот... красный суп.

- Не красный суп, а борщ. Его варят из свёклы, поэтому он такого цвета. Со сметаной?

- Да – сказала я, но не стала показывать, что я не знаю, что такое эта «сметана».
- Правильно! Так вкуснее!

Я получила тарелку красного супа, то есть борща, с белым пятнышком того, с чем вкуснее, то есть со сметаной. И мы пошли дальше.

- Что ты будешь кушать на второе?
- А какой суп есть?
- Не суп! Кто же ест суп на второе?! Это на первое едят суп, а на второе едят другие горячие блюда: мясо или рыбу с гарниром. Например, сегодня есть жареная курица, говяжьи котлеты, тушёная рыба, плов. Из гарниров гречка и картофельное пюре. Что ты будешь?

Я не услышала ни одного знакомого слова и немного растерялась. Но потом сказала:

- А ты что будешь? Я буду то же, что и ты.

Так на своём подносе я увидела два шарика из мяса и тёмную крупу, немного похожую на рис, но не рис.

- Гречка и котлеты! – сообщила моя подруга. – Вкусно и полезно!

Потом я увидела стол, на котором были белый и чёрный хлеб, пирожки, блины, булочки. Моя русская подруга взяла два кусочка белого хлеба, два кусочка чёрного хлеба, пирожок и порцию блинов.

- Русские едят много хлеба! Русские всё едят с хлебом! Такая традиция – объяснила она. И я тоже взяла один кусочек белого хлеба, чтобы не нарушать традицию.

- А на третье… компот! – вдруг сказала подруга.
- Что? Ещё и третье есть? – испугалась я, потому что я не знала, что такое компот. Но посмотрев на поднос подруги, увидела воду с фруктами.
- Да, третье блюдо – это сладкое, десерт. Сегодня подают компот и кисель.

Я взяла кисель, потому что он напоминал нашу кашу – чжоу, но только немного. А потом подруга сказала, что кисель очень полезен для желудка.

Наконец мы сели за стол.

- Ой, - воскликнула подруга – Мы же забыли взять салат! Ты будешь салат?
- Нет, я боюсь, что мне и этого будет много. А салат – это четвёртое блюдо?
- Нет. Салат – это салат. Холодная закуска. Его едят перед всем обедом. Он улучшает аппетит.
- У меня и так аппетит хороший! Давай скорее пить суп! – сказала я.
- Что ты! Что ты! В России суп не пьют. Это некультурно. Его надо есть ложкой.
- А где же ложка? Мы забыли взять ложки.

- Сейчас я принесу ложки и вилки.

Моя подруга вернулась с двумя ложками и двумя вилками.

- Смотри, как правильно! Берёшь ложку в правую руку, хлеб – в левую. И с удовольствием ешь суп и хлеб!

- М-м-м! Как вкусно!

- Приятного аппетита!

- Спасибо!

ОБРАТИТЕ ВНИМАНИЕ!!!

Слова «*ку̲шать*» и «*вку̲сный*» - родственные слова.

В русском языке есть два слова «*есть*» и «*кушать*».

Они имеют одинаковое значение, но слово «*кушать*» сейчас говорят редко, потому что это старое слово.

- Ты хочешь есть? («*Ты хочешь кушать?*» тоже можно)
- Я с утра ничего не ел. («*Я с утра ничего не кушал*» тоже можно)

НО!

В повелительном наклонении лучше говорить *Кушайте! / Кушай!*, а не *Ешьте! / Ешь!* Это более вежливо.

- Кушайте, не стесняйтесь! Я много наготовила.

6.4. Выберите правильный вариант ответа - А, Б или В.

(*1*) (А) Русские, как правило, кушают три раза в день.

(Б) Русские, как правило, кушают один раз в день, но плотно.

(В) Русские, как правило, не завтракают, но хорошо обедают и ужинают.

(*2*) (А) В России завтракают, обедают и ужинают раньше, чем в Китае.

(Б) В России завтракают, обедают и ужинают позже, чем в Китае.

(В) В России завтракают, обедают и ужинают так же, как в Китае.

(*3*) (А) В России обед у всех длится два часа.

(Б) В России обед у студентов очень короткий.

(В) В России обед на предприятиях и в офисах начинается в 12 часов.

(*4*) (А) На первое в России едят суп.

(Б) На первое в России едят мясо или рыбу и гарнир.

(В) На первое в России едят салат.

(*5*) (А) На второе в России едят борщ.

(Б) На второе в России едят гороховый суп.

(В) На второе в России едят котлеты.

(*6*) (А) Русские едят много чёрного хлеба.

(Б) Русские едят много белого хлеба.

(В) Русские едят много хлеба.

(*7*) (А) Третье блюдо – это салат.

(Б) Третье блюдо – это сладкое, десерт.

(В) Третье блюдо – это блины или пирожки.

(*8*) (А) Кисель немного похож на китайскую кашу «чжо́у».

(Б) Компот немного похож на китайскую кашу «чжо́у».

(В) Пирожок немного похож на соевый творог «то́фу».

(*9*) (А) В России пьют суп.

(Б) В России суп едят ложкой.

(В) В России можно пить суп, а можно есть его ложкой – кому как нравится.

(*10*) (А) В Китае используют ложку, вилку и нож.

(Б) В России не используют палочки.

(В) В Китае используют только палочки, никогда не используют ложку.

6.5.(А) Прочитайте названия блюд. Впишите названия блюд в меню.

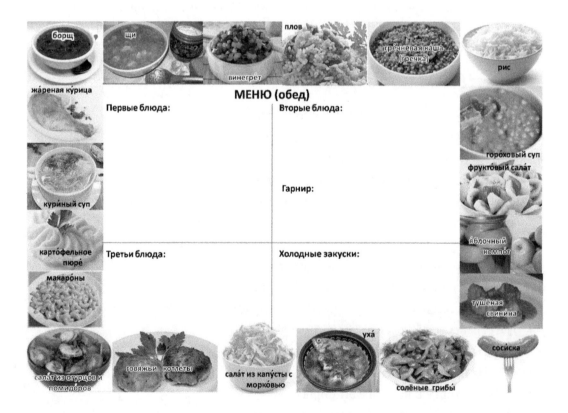

Русская кухня **ТЕМА 6**

6.5. (Б) Представьте, что вы обедаете в столовой в России. Что вы будете есть?

(1) На первое я буду есть _____

(2) На второе я буду есть _____

(3) На третье _____

(4) Ещё _____

6.6. (А) Заполните пропуски. От каких имён существительных (ЧТО) образованы эти имена прилагательные (КАКОЙ)?

(1) _гриб_ → грибно́й	(14) _рис_ → ри́совый
(2) _____ → сы́рный	(15) _____ → гру́шевый
(3) _____ → мясно́й	(16) _____ → бана́новый
(4) _____ → ры́бный	(17) _____ → апельси́новый
(5) _____ → хле́бный	(18) _____ → мандари́новый
(6) _____ → сала́тный	(19) _____ → фрукто́вый
(7) _____ → тома́тный	(20) _____ → гре́чневый
(8) _____ → виногра́дный	
(9) _____ → капу́стный	
(10) _____ → карто́фельный	
(11) _____ → я́блочный	
(12) _____ → моло́чный	
(13) _____ → со́чный	
Название продукта + Н = какой	Название продукта + ____ = какой

6.6. (Б) Заполните пропуски.

(1) Грибной суп – это суп с _____.

(2) Мясной пирог – это пирог с _____.

(3) Томатный сок – это сок из _____.

(4) Капустный пирог – это пирог с _____.

(5) Рыбный суп – это суп с _____.

(6) Яблочный пирог – это пирог с _____.

(7) Картофельное пюре – это пюре из _____.

(8) Рисовая каша – это каша из _____.

(9) Банановый хлеб – это хлеб с _____.

(10) Фруктовый салат – это салат из _____.

(11) Апельсиновый сок – это сок из _____.

6.7. Прочитайте Текст 22 ещё раз. Выделите предлоги (на, в, из, с). Используйте правильный предлог со словами в скобках.

(1) Мы с подругой решили пообедать _____ (столовая).

(2) В России обедать _____ (кафе) и _____ (рестораны) недёшево.

(3) _____ (первое) мы ели борщ _____ (сметана).
(4) _____ (второе) мы ели котлеты _____ (гречка).
(3) _____ (третье) я пила кисель, а подруга – компот.
(4) Русские всё едят _____ (хлеб): суп _____ (хлеб), мясо _____ (хлеб), овощи _____ (хлеб), даже чай пьют _____ (хлеб).
(5) Русские любят пить чёрный чай _____ (сахар) и (лимон).
(6) Уха – это суп _____ (рыба), говяжьи котлеты – это котлеты (говядина), картофельное пюре – это пюре _____ (картофель).
(7) _____ (стол) много блюд: утка _____ (яблоки), курица _____ (рис), салат _____ (помидоры и огурцы), суп (курица).
(8) Соевое молоко не очень похоже _____ (коровье молоко).
(9) Русские пельмени не очень похожи _____ (китайские пельмени).
(10) _____ (все супы) я выбрал щи, потому что _____ (все овощи) я больше всего люблю капусту.

6.8. В России в столовой есть свои правила. Поставьте предложения в правильном порядке.

(1) Нужно взять поднос.
(…) После обеда не забудьте убрать со стола.
(…) Поставить первое на поднос.
(3) Выбрать холодную закуску или салат и поставить на поднос.
(…) Прочитать в меню или спросить работника столовой, что есть на второе.
(…) Заплатить деньги.
(…) Нужно встать в очередь.
(4) Прочитать в меню или спросить работника столовой, что есть на первое.
(…) Сказать работнику столовой, какой суп вы будете есть.
(…) Подождать, пока работник столовой нальёт в тарелку суп.
(…) Сесть за стол и с аппетитом пообедать.
(…) Подождать, пока работник столовой посчитает, сколько денег вам нужно заплатить.
(9) Сказать работнику столовой, какое второе блюдо и какой гарнир вы будете есть.
(…) Подождать, пока работник столовой положит вам второе и гарнир.
(…) Выбрать третье и поставить на

поднос.

(13) Взять хлеб.

(...) Поставить второе на поднос.

6.9. (А) Прочитайте внимательно.

(всё)	мясное
	рыбное
	мучное

(всё)	сладкое
	острое
	солёное

первое	
второе	(блюдо)
третье	
горячее	

ОБРАТИТЕ ВНИМАНИЕ!!!

Когда мы говорим о еде, часто мы используем только **имена прилагательные** (без дополнительного слова).

6.9. (Б) Переведите эти предложения на китайский язык.

(1) Я хочу похудеть, поэтому сейчас не ем сладкое.

(2) Не надо думать, что в Китае едят только острое.

(3) Говорят, соль – белый яд. Я стараюсь есть поменьше солёного.

(4) Я очень люблю мучное, но сейчас я на диете, поэтому не ем хлеб, пирожки, булочки, блины.

(5) Мужчины обычно любят мясное, но мой брат – исключение. Он рыбная душа!

(6) На первое в России едят суп, на второе - горячее с гарниром, а на третье - сладкое.

6.10. Прочитайте вторую часть Текста 22.

Когда и что едят русские?
(Часть II)

В тот день в столовой мы взяли очень много. Мы с трудом доедали сладкое, когда я спросила:

- А русские всегда едят так много? Первое, второе, третье? И на завтрак, и на обед, и на ужин?

- Что ты! Нет, конечно. Обед – самый важный приём пищи за весь день, поэтому на обед русские едят много. На ужин мы едим намного меньше: одно горячее блюдо и десерт. Многие вечером вместо десерта пьют чай. А девушки, которые следят за своей фигурой, едят на ужин только салат. Вредно есть много на ужин.

- А что вы едите на завтрак?

- На завтрак мы пьём чай, кофе или молоко, едим хлеб с маслом, с сыром, с колбасой. Едим яйца – жареные или варёные. Ещё на завтрак все дети и...

некоторые взрослые едят каши, потому что каши очень полезны для здоровья.

- Я всё съела! Было очень вкусно! Большое спасибо!

- На здоровье! А я вот не могу доесть этот пирожок, поэтому возьму его с собой. Скоро полдник. Съем его на полдник.

- Полдник? Это что такое?

- Полдник – это ещё один приём пищи, между обедом и ужином, с 15.30 до 16.30. На полдник едят что-нибудь лёгкое: печенье, булочку, пирожок – и пьют сок, компот или чай.

- Чем больше ты мне рассказываешь, как едят русские, тем больше вопросов появляется.

- Это, наверное, потому, что в наших странах разная культура еды.

Мне понравилось выражение «культура еды», и я решила вести специальный словарь, в который буду записывать всё, что узнала о еде в России.

6.11. (А) Прочитайте названия блюд. Найдите эти блюда на картинках.

жа́реные я́йца	жа́реная карто́шка	ка́ша с ма́слом	чай
ко́фе	варёные я́йца	отбивна́я (котле́та)	хлеб с ма́слом
сыр	хлеб с колбасо́й	пирожки́	творо́г
йо́гурт	пече́нье	гре́ческий сала́т	сок

6.11. (Б) Как вы думаете, что из этих блюд и продуктов русские едят на завтрак, что - на полдник, а что - на ужин?

Например: *Это жареные яйца. Обычно в России жареные яйца едят на завтрак.*

Это сок. Обычно в России сок пьют на полдник. Иногда сок пьют на завтрак.

6.12. Прочитайте вторую часть Текста 22 ещё раз и ответьте на вопросы.

(1) На ужин русские едят так же много, как и на обед?
(2) Что русские обычно едят на ужин?
(3) Что русские обычно едят на завтрак?
(4) У китайцев такой же завтрак?
(5) Что такое полдник?
(6) Вы согласны, что в Китае и в России разная культура еды?
(7) Как вы понимаете выражение «культура еды»?

6.13. Что говорит русская женщина, а что - китаянка?

Женщина из России	говорит:	Женщина из Китая
	- Я каждое утро хожу на рынок за продуктами. - Мы ездим за продуктами в большой супермаркет один раз в неделю. - Я готовлю суп в большой кастрюле на целую неделю. - Я готовлю котлеты на пять дней. - Я стараюсь не хранить еду долго. Готовлю немного, и мы всегда едим свежее. - Я готовлю три раза в день: завтрак, обед и ужин. - Я считаю, очень важно есть много овощей и фруктов. - Я считаю, очень важно есть много мяса. - У меня на кухне соевый соус, уксус, масло, перец, соль, сахар и другие приправы. - У меня на кухне масло, перец, соль, очень мало других приправ. - У нас в холодильнике всегда есть молоко, сливочное масло, сыр, творог. - Летом и осенью, зимой и весной у нас на столе зелень: лук, сельдерей, шпинат, салат, кинза. - В доме всегда должен быть хлеб. - В доме всегда должен быть рис.	

ТЕКСТ 23. Праздничный обед

6.14. Прочитайте слова. Какие слова вы знаете и можете перевести на китайский язык, а какие - нет? Используйте словарь для слов, которые вы не знаете.

(1) праздничный	(5) рецепт	(9) стаканы	(13) накрывать	(17) напиток
(2) холодный	(6) меню	(10) бокалы	(14) аппетит	(18) вино
(3) горячий	(7) гарнир	(11) скатерть	(15) суп	(19) лимонад
(4) настроение	(8) десерт	(12) тарелки	(16) картофельное пюре	

6.15. Прочитайте Текст 23. Вставьте слова из упражнения 6.14.

Праздничный обед в России

Русские любят вкусно поесть. Но в будние дни завтраки, обеды и ужины обычно скромные и простые. Праздники – другое дело! _____ стол должен быть богатым, а блюда – необычными! Итак, какой он, _____ обед в России? _____ праздничного обеда обсуждают заранее. Некоторые блюда, такие как салат «Селёдка под шубой», например, или торт, надо начинать готовить не в день праздника, а накануне. Перед приходом гостей на стол: белая _____, _____ для сока и _____ для вина, и, конечно, вилки и ножи. А вы умеете пользоваться ножом и вилкой?

Обед начинается с _____ закусок – салатов, бутербродов, солений, нарезки из сыра, колбасы, копчёного мяса, рыбы. После этого приносят _____ блюдо. Обычно это мясо, рыба или птица и какой-нибудь _____. На _____ может быть рис, макароны, но чаще всего подают _____. Кроме основного горячего блюда, на праздничном столе могут быть ещё другие горячие закуски – тушёные овощи, фаршированные перцы, рулетики с сыром и ветчиной. В качестве горячего блюда очень редко подают _____. Часто горячим блюдом могут быть пельмени, но не магазинные, а обязательно домашние.

Особую роль во время праздника играют алкогольные _____. Самый праздничный алкогольный _____ – шампанское. Шампанское обязательно «открывает» любой большой праздник. Затем мужчины предпочитают пить водку или пиво, женщины чаще всего пьют красное или белое _____. Кроме алкогольных напитков на праздничном столе обязательно должны быть и безалкогольные напитки – соки, минеральная вода, _____.

Обычно праздничный обед проходит очень весело. Люди разговаривают, шутят, смеются. Хозяйка всё время предлагает гостям попробовать то одно, то другое блюдо. Гости обязательно должны хвалить хозяйку за её кулинарное мастерство. Хозяйка будет счастлива, если вы будете с аппетитом есть всё, что стоит на столе, и в конце вечера попросите _____ наиболее понравившегося вам блюда. В России, в отличие от Китая, если гости всё съели и ничего не осталось на столе, это очень хороший знак!

Но будьте осторожны! В конце праздничного обеда ещё обязательно есть _____ ! На _____ могут подать чай с тортом или пирогом, мороженое, фрукты, желе. Оставьте для _____ место в желудке!

Если вас пригласили на праздничный обед в России, вы можете принести с собой шампанское, конфеты или фрукты... но это не обязательно. Самое главное - не забудьте хороший _____ и хорошее _____!

6.16. Выберите правильный вариант ответа. Как вы думаете, что это?

- Это торт или салат «Селёдка под шубой»?
- Это пельмени или макароны?
- Это нарезка из сыра или колбасы?
- Это утка по-пекински или жареная курица?
- Это фаршированные перцы или помидоры?
- Это жареный поросёнок или шашлык?
- Это фрукты или фруктовое желе?
- Это конфеты или мороженое?
- Это минеральная вода или водка?
- Это кока-кола и спрайт или красное вино и белое вино?
- Это жареные мыши или сосиски?
- Это закуска из овощей или солёные грибы?

6.17. Прочитайте Текст 23 ещё раз. Заполните таблицу.

ПРАЗДНИЧНЫЙ ОБЕД				
Холодные закуски	Горячее	Гарнир	Напитки	Десерт

6.18. Да или нет? Если нет, то почему?

(1) Праздничный обед не похож на обычный обед. ☐
(2) Во время праздничного обеда стол не обязательно должен быть красивым, но обязательно должен быть богатым. ☐
(3) Праздничный обед начинается с супа. ☐
(4) На праздничном столе всегда много холодных закусок. ☐
(5) На праздничном столе обязательно должны быть пельмени. ☐
(6) Во время праздника, как правило, не одно, а несколько горячих блюд. ☐
(7) Самый праздничный напиток – водка. ☐
(8) Вино – это безалкогольный напиток. Оно как виноградный сок. ☐
(9) В конце праздничного обеда есть ещё десерт. ☐
(10) На десерт едят что-нибудь острое. ☐

6.19. Перефразируйте эти предложения. Используйте глагол «нравиться // понравиться».
ОБРАТИТЕ ВНИМАНИЕ!!!

В разговорной речи русские часто говорят «нравиться» и «понравиться».
- Мне нравится... (= *Я вообще это люблю*)
- Мне нравится... (= *Я ем и думаю, что это хорошо*)
- Мне понравилось... (= *Я съел и подумал, что это хорошо*)

---

(1) Я люблю рыбу, но я попробовал эту рыбу и подумал, что она для меня слишком острая. – <u>Мне нравится рыба, но эта рыба мне не понравилась – слишком острая.</u>

(2) Вчера мы были в гостях у наших русских друзей. Мы ели очень вкусный грушевый пирог, я попросила у хозяйки рецепт. - _____.

(3) Я люблю и китайские пельмени, и русские пельмени, хотя они отличаются. - _____
_____.

(4) Я слышал, что телепрограмма «Смак» очень популярна в России. Вчера я посмотрел эту программу и подумал, что это действительно интересная программа. - _____.

(5) Я никогда не пробовал селёдку. В Китае не едят селёдку. Вчера мои друзья угостили меня селёдкой. Я подумал, что она слишком солёная и у неё очень странный вкус. - _____.

(6) Сначала я не хотел приглашать своих друзей в ресторан «хого́» (火锅), я думал, что они не получат удовольствие от еды. - _____

(7) Но потом мы всё-таки пошли в этот ресторан. Я был удивлён, когда мои русские друзья сказали, что они с удовольствием пошли бы в этот ресторан ещё раз. - _____.

(8) Я не большой любитель и ценитель вина, но вино, которое мы пили вчера на праздничном обеде, было действительно очень хорошее. - _____.

6.20. Прочитайте текст, сделайте подписи к фотографиям.

В России очень любят бутербро́ды. Вы знаете, что такое «бутерброд»? Слово «бутерброд» немецкое. Оно связано с немецким словом Butter и похоже на английское слово butter – значит «масло». Оно также связано с немецким словом Brot и похоже на английское слово bread – значит «хлеб». Поэтому слово «бутерброд» означает хлеб с маслом.

Первоначально это действительно был хлеб только с маслом, но позже, кроме масла, начали также использовать и другие продукты – колбасу, сыр, рыбу, икру, листья салата, помидоры, огурцы, разные соусы (например: кетчуп и майонез). Сейчас «бутерброд» – это хлеб и ещё какой-то продукт.

Бутерброды очень широко распространены в России, потому что, во-первых, их быстро готовить, во-вторых, их легко взять с собой в школу или на работу, в-третьих, их можно есть без вилки и без ножа.

Хотя бутерброды очень простая еда, но без них не обходится ни один праздник. Некоторые бутерброды похожи на настоящие произведения искусства.

Простой бутерброд - _____ с _____

Бутерброд с маслом и с _____

Бутерброд с маслом и с _____

Бутерброд с _____

Бутерброд «Летний день»

Бутерброд «_____»

Бутерброд «Весёлый _____»

Бутерброд «_____»

ТЕКСТ 24. Без каких продуктов русские не могут жить?

6.21. Ответьте на вопросы.

(1) Без каких трёх продуктов лично вам трудно представить свою жизнь?

(2) Без каких трёх продуктов трудно было бы жить китайцам?

(3) Как вы думаете, без каких трёх продуктов трудно было бы жить русским?

6.22. Прочитайте первую часть Текста 24. Сделайте подписи к фотографиям.

Без каких продуктов русские не могут жить?

(Часть I)

Если спросить у русских, без каких продуктов они не смогут жить, они скажут: «Без чая, без хлеба и без картошки». Эти три продукта являются для русских самыми важными. Почему? Давайте попробуем ответить на этот вопрос.

Итак, чай. Слово «чай» пришло в русский язык из китайского языка. Сам чай тоже привезли в Россию из Китая. В середине XVII века один путешественник привёз чай царю Михаилу Фёдоровичу Романову. Сначала чай царю не понравился. Ведь никто не знал, что это напиток. Все думали, что это овощ и из него нужно делать салат. Но потом чай заварили, и с тех пор чай стал самым любимым горячим напитком всех русских. В первое время чай был очень дорогим напитком, ведь привозить его из Китая стоило больших денег. Его подавали только в богатых домах и только дорогим гостям. Кстати, для чая русские изобрели самова́р. В самоваре грели воду для чая.

После строительства Транссибирской магистрали в начале XX века чай в России стал намного дешевле, он стал напитком для всех и во многих городах появились чайные – места, где можно было попить чай. В Китае тоже есть чайные дома, но чайные в России сильно отличались от китайских чайных домов. Почему? Потому что традиции чаепития в России отличаются от традиций чаепития в Китае.

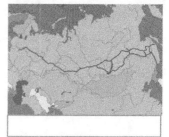

Во-первых, в России традиционно любят пить чёрный чай. Мода пить зелёный чай и цветочный чай пришла в Россию недавно, но не получила ещё широкого распространения. Во-вторых, русские любят пить чёрный чай с сахаром и с лимоном,

 некоторые добавляют в чай молоко или мёд. В-третьих, когда русские пьют чай, они обязательно ещё едят что-то сладкое: варенье, конфеты, пряники, печенье, пирожное, торт. И, наконец, в-четвёртых, русские могут пить чай на завтрак, на полдник, после обеда, после ужина, между завтраком и обедом, между обедом и ужином, утром, днём, вечером и даже ночью! Одним словом, в любое время и в любом количестве! Дело в том, что чаепитие в России не просто время чая и сладкого, а время, когда можно собраться с близкими и друзьями за одним столом, поговорить, посмеяться и поплакать – согреть душу горячим ароматным напитком и общением с близкими людьми.

Именно поэтому знайте: когда вы придёте в гости к русским, вас обязательно позовут пить чай! И не один раз! (361 слово)

ОБРАТИТЕ ВНИМАНИЕ!!!

> По-китайски мы говорим 茶馆 , а по-русски «*чайный дом*».
> **НО!**
> В начале XX века в России появились специальные места, где можно было попить чай. Такое место называется «*чайная*» (без слова «дом»), похоже на слово «*столовая*».

6.23. Ответьте на вопросы.

(1) Из какого языка слово «чай» пришло в русский язык? Почему?
(2) Почему чай раньше подавали только дорогим гостям?
(3) Когда простые люди начали пить чай? Почему?
(4) Какой чай любят пить русские? А китайцы?
(5) С чем русские любят пить чай? А китайцы?
(6) В какое время русские любят пить чай? А китайцы?
(7) Для русского человека чаепитие – это время, когда можно хорошо поесть и попить, или что-то более важное?

6.24. (А) Если вас пригласили в гости в Китае, принято приносить с собой фрукты. А если вас пригласили в гости в России, принято принести с собой что-нибудь к чаю. Отметьте продукты, которые можно принести с собой в гости.

(1) печенье	(2) колбаса	(3) мёд	(4) шоколад
(5) яйца	(6) пряники	(7) чёрный хлеб	(8) пирожное
(9) сушёная рыба	(10) мороженое	(11) варенье	(12) сок

6.24. (Б) Составьте свои предложения со словами из упражнения 6.24. (А)

Я	принёс	
	принесла	... ... к чаю
	купил	
	купила	

ОБРАТИТЕ ВНИМАНИЕ!!!

> **на** завтрак, **на** обед, **на** полдник, **на** ужин
> **НО!**
> **к** чаю

6.25. (А) Поставьте эти глаголы в правильном порядке.

(…) положить лимон

(…) купить чай и шоколад

(…) насыпать сахар

(…) заварить чай

(…) наслаждаться волшебным напитком

(…) налить чай в чашку

(…) открыть шоколад

(…) согреть воду в чайнике

6.25. (Б) Вы любите пить чай? Составьте свой небольшой рассказ о том, как вы пили чай.

6.26. Чаепитие в России отличается от чаепития в Китае. Закончите предложения.

(1) Русские любят пить чай. <u>Китайцы тоже очень любят пить чай.</u>

(2) Русские любят пить чёрный чай. Китайцы _____.

(3) Русские часто пьют чай с сахаром, с лимоном или с молоком. Китайцы обычно _____.

(4) Раньше в России во время чаепития использовали самовар. В Китае _____ _____.

(5) Русские могут пить чай на завтрак, на обед, на ужин, между завтраком и обедом, между обедом и ужином. Китайцы _____.

(6) Во время чаепития русские не просто пьют чай, а ещё едят что-нибудь сладкое –

торт, конфеты, печенье. _____.

(7) Раньше в России были специальные места – чайные – где собирались и пили чай. _____.

(8) Во время чаепития русские не просто пьют чай, а разговаривают о жизни и делятся новостями. _____.

(9) Если вы придёте в гости к русским, вас совсем не обязательно накормят обедом, но обязательно пригласят пить чай. _____.

6.27. Прочитайте вторую часть Текста 24. Сделайте подписи к фотографиям.
Без каких продуктов русские не могут жить?

(Часть II)

Русские также не могут жить без хлеба. Хлеб – основной продукт в России, как рис в Китае, поэтому русские говорят: «Хлеб всему голова!»

Хлеб делают из муки и воды. В России очень много видов хлеба, но основные виды - белый хлеб (из пшеничной муки) и чёрный хлеб (из ржаной муки). Раньше белый хлеб был дороже чёрного, поэтому простые люди ели его только по праздникам.

Каравай – красивый круглый белый хлеб. Его обязательно делали на свадьбу. Сегодня на свадьбу тоже пекут красивый белый каравай. В России также есть старая традиция встречать дорогих гостей хлебом-солью. Когда девушка в русском костюме выходит к дорогим гостям навстречу, в руках у неё обязательно должен быть каравай.

Чёрный хлеб в простых русских семьях раньше ели каждый день. Люди говорили так: «Без хлеба нет обеда!» Привычка есть всё с хлебом сохранилась в России и сегодня. Во время завтрака, обеда и ужина на столе обязательно должен стоять хлеб. Если в доме нет хлеба, то считается, что в доме нечего есть.

В России есть специальные магазины, где продают только хлеб. Ежедневно русские покупают много хлеба. При этом нужно запомнить, что в России выбрасывать хлеб нельзя. Если хлеб испортился и его уже нельзя есть, нужно отдать его птицам или сделать из него сухари.

Картофель – это продукт, который русские называют вторым хлебом. Пётр Первый привёз картофель в Россию из Европы, однако сначала этот продукт не понравился русским. Они не знали, какую часть картофеля надо есть. Многие съедали ядовитые плоды картофеля и умирали. Поэтому они называли картофель «чёртовым яблоком» и отказывались его выращивать. Только через сто лет крестьяне начали массово выращивать картофель, и он им очень понравился. Сегодня картофель выращивают на фермах, в деревнях, на дачах. Это самый распространённый овощ в России. Из картофеля можно приготовить массу вкусных блюд. Русские с удовольствием едят варёный картофель, жареный картофель, картофельное пюре, печёный картофель, картофель в мундире, картофельную запеканку и многое-многое другое. (290 слов)

Ресторан быстрого питания «Крошка-картошка»

6.28. Прочитайте предложения. Исправьте ошибки.

(1) В России говорят: «Хлеб всему голова», а в Китае говорят: «Рис всему голова».

(2) В России два вида хлеба – белый хлеб и чёрный хлеб.

(3) Раньше в простых русских семьях каравай ели каждый день.

(4) В России есть традиция встречать дорогих гостей хлебом и водкой.

(5) Раньше люди действительно не могли представить свою жизнь без хлеба, но сегодня в России едят меньше хлеба, потому что много других продуктов.

(6) В России говорят: «Каравай – второй хлеб».

(7) Пётр Первый привёз картофель из Европы, и этот овощ сразу понравился русским.

(8) Крестьяне называли картофель «золотое яблоко».

(9) Из картофеля можно приготовить только несколько блюд: варёный картофель, жареный картофель, картофельную запеканку, картофельное пюре, картофель в мундире.

(10) В России большой популярностью пользуется ресторан быстрого питания «Крошка-картошка». В Китае не очень большой популярностью пользуются рестораны быстрого питания «Макдо́нальдс» и «KFC» [кэй-эф-си].

6.29. Подумайте и скажите…

(1) Если вас будут встречать в России как дорогого гостя хлебом-солью, что вы

будете делать?

(2) Есть ли в китайской культуре похожая традиция встречи дорогих гостей?

6.30. (А) Прочитайте русские пословицы и поговорки про чай, хлеб и картошку. Вставьте подходящее слово.

(1) _____ пить – долго жить.

(2) Ешь _____ и хлеб – проживёшь до ста лет.

(3) Без _____ нет обеда.

(4) _____ – второй хлеб.

(5) В хорошей чашке и _____ вкуснее.

(6) _____ вкуснее, если он с добрым другом разделён.

(7) Лучше _____ с водой, чем пирог с бедой.

(8) Пот на спине – так и _____ на столе.

(9) _____ не пьёшь – откуда силу берёшь?

(10) _____ бросать – труд не уважать.

6.30. (Б) Как вы понимаете эти пословицы и поговорки? Объясните их значение на русском или на китайском языке.

ТЕКСТ 25. Есть ли в России «местные» деликатесы?

6.31. Ответьте на вопросы.

(1) Как вы думаете, что такое «местные деликатесы»?

(2) Что вы привезёте в подарок друзьям из Пекина? Из Шанхая? Из Синьцзяна? Из Даляня? Из Санья?

(3) Какими блюдами или продуктами славится ваш родной город?

6.32. Прочитайте Текст 25 и ответьте на вопрос «Есть ли в России местные деликатесы?».

Есть ли в России «местные» деликатесы?

В Китае есть понятие 特产 - "продукты местного производства" или "местные деликатесы". С этим понятием связана интересная традиция китайской культуры - из поездок по разным частям Китая нужно обязательно привезти в подарок родным и товарищам по работе местные деликатесы.

Современным жителям России эта традиция кажется необычной: в любом супермаркете в России можно купить мороженое из Новосибирска, молоко из Рязани, сок из Краснодара (это тоже знаменитые продукты). Но еще 30-40 лет назад, во времена СССР, в России была такая же традиция. Из поездки в тёплые части России - на Кавказ или Крым - обязательно привозили южные фрукты, из поездки на Дальний Восток - знаменитую местную рыбу и морепродукты, из Сибири привозили полезные для здоровья кедровые орешки, а самые большие чемоданы с подарками привозили из Москвы - там был очень большой выбор продуктов. Сейчас традиция привозить местные продукты осталась в прошлом.

Но Россия - это большая страна, поэтому, конечно, в каждой её части есть свои знаменитые продукты и известные блюда. Например, если вы приедете на Камчатку, то сможете купить очень вкусную красную икру или огромных камчатских крабов. Во Владивостоке можно попробовать разные морепродукты, например, морской огурец, который очень ценится в Китае. В Башкирии прекрасный чистый воздух и много деревьев, здесь делают самый лучший в России мёд. Правда, с этим не согласны жители Алтая - они считают, что алтайский мёд должен считаться самым вкусным в России. На реках Сибири и на озере Байкал можно попробовать вкусную местную рыбу, а в городе Астрахань на берегу Каспийского моря - самые вкусные в России арбузы.

А что можно купить в Москве? Как и раньше, в Москве можно купить почти всё: дальневосточные морепродукты, алтайский мёд, астраханские арбузы. Однако свои знаменитые продукты есть и в Москве. Например, в ГУМе уже 60 лет продают самое знаменитое в России мороженое.

Жители разных частей России очень любят и свои местные блюда и всегда считают их самыми лучшими. Пельмени едят по всей России, но на Урале уверены, что уральские пельмени - самые лучшие. Шашлык едят везде, но жители Кавказа считают, что настоящий шашлык готовят только на Кавказе. Пирожки с мясом готовят в любом городе, но в Казани считают, что у них готовят самые вкусные пирожки с мясом - беляши. Любовь к своим местным блюдам, знакомым с детства, у русских и китайцев одинакова.

6.33. Прочитайте Текст 25 ещё раз и подчеркните географические названия. Затем найдите эти места на карте России.

6.34. Соедините места в России с известными продуктами или блюдами.

Алта́й	арбу́зы
А́страхань	беля́ши (пиро́жки с мя́сом)
Байка́л	больши́е кра́бы
Башки́рия	ке́дровые оре́шки
Владивосто́к	кра́сная и чёрная икра́
Да́льний Восто́к	мёд
Кавка́з	молоко́
Каза́нь	морепроду́кты
Камча́тка	морско́й огуре́ц
Краснода́р	моро́женое
Крым	пельме́ни
Москва́	ры́ба
Новосиби́рск	сок
Ряза́нь	фру́кты
Сиби́рь	шашлы́к
Ура́л	

Интернет-помощь: http://supercook.ru/russian/rus-01.html

ПРОВЕРЬТЕ СЕБЯ

6.35. В этом уроке вы узнали очень много нового о русской кухне и о культуре еды в России. Но что-то вы знали и раньше. Закончите предложения. Расскажите о том, что вы раньше знали / слышали, а что узнали только недавно.

> Раньше я знал(а) / слышал(а), что...
>
> Раньше я не знал(а) / не слышал(а), что...

(1) …русские едят три раза в день – завтракают, …
(2) …на обед у русских не одно блюдо, а…
(3) …на первое в России едят…
(4) …борщ, щи, уха – всё это…
(5) …бутерброд – это немецкое слово – оно означает…
(6) …на завтрак в России едят…
(7) …в конце праздничного обеда в России обязательно…
(8) … русские не могут жить без…
(9) …чаепитие в России отличается от…
(10) …дорогих гостей в России встречают…
(11) …картошка для русских…
(12) …тоже есть местные деликатесы, но нет традиции…

*** **Вы можете составить ещё предложения?** ***

6.36. Что мы собираемся делать / готовить / есть, если на столе...

(1) Если на столе **каша, жареные яйца, чай, бутерброды**, мы собираемся _____ _____.

(2) Если на столе **шампанское, салат «Оливье», нарезка из колбасы и мяса, жареная курица, пельмени**, мы собираемся _____.

(3) Если на столе **борщ, макароны с котлетой, компот, салат из свежих овощей и хлеб**, мы собираемся _____.

(4) Если на столе **самовар, мёд, пряники**, мы собираемся _____.

(5) Если на столе **хлеб, масло, колбаса, сыр, огурцы, листья салата и нож**, мы собираемся _____.

(6) Если на столе **фруктовое желе и мороженое**, мы собираемся _____.

(7) Если на столе **тесто, мясо, лук, соль и перец**, мы собираемся _____.

(8) Если на столе **молоко и пирожки**, мы собираемся _____.

6.37. (А) Вы помните, в Тексте 22 говорилось о том, что девушка решила вести специальный словарь и записывать туда всё о новых продуктах и блюдах, которые она попробовала в России? Где здесь творог, квас, сметана, пряники, кефир?

Продукты / блюда	На что похоже / из чего делают	Какой вкус / как едят
	• делают из молока (если молоко постоит несколько дней, оно станет кислым. Её делают из верхнего слоя кислого молока). • немного похожа на густой йогурт	• кислая и жирная • используют как соус для борща и других супов, для вареников и пельменей • можно просто есть с чёрным хлебом
	• делают из молока (в молоко добавляют закваску, молоко становится кислым, в молоке появляются твёрдые кусочки – это и есть...) • нельзя путать с сыром. Русские считают, что сыр – это сыр, а ... – это	• жирный, сухой, кажется безвкусным • можно есть со сметаной и с сахаром • используют как начинку для вареников, делают сырники, запеканки
	• делают из молока (в молоко добавляют специальные грибки, молоко становится густым и кислым) • похож на питьевой йогурт, но не такой сладкий	• кислый • пьют, как молоко, иногда добавляют сахар
	• делают из хлеба и дрожжей • немного похож на пиво, но это безалкогольный напиток	• хорошо утоляет жажду • пьют в жаркий летний день • готовят окрошку (похожа на холодную лапшу 冷面, только вместо лапши овощи)
	• делают из муки, добавляют пряности (поэтому они так называются). • иногда добавляют ещё мёд, орехи, изюм	• очень сладкие • их едят и пьют чай или молоко • хороший подарок из России

6.37. (Б) А если бы вы вели такой словарь о китайских продуктах и блюдах, что бы вы туда записали?

Продукты	На что похоже / из чего делают	Как едят
тофу		
соевое молоко (доуцзян)		
баоцзы		
лапша		
чжоу		

6.38. (А) Вы уже немало знаете о русской кухне и о кулинарных традициях в России. Наверняка, у вас ещё много вопросов. На какие вопросы вы бы хотели получить ответы? Например:

(1) Почему русские едят так много хлеба?
(2) Почему русские любят есть суп?
(3) _____
(4) _____

6.38. (Б) Прочитайте диалог. Возможно, он даст ответы на некоторые из ваших вопросов.

Почему русские...?

(Беседуют Ван Хуа и его российский преподаватель Дмитрий Алексеевич)

Ван Хуа: Преподаватель! Скажите, пожалуйста, почему русские едят так много хлеба? И ещё много блюд, которые похожи на хлеб: пироги, пирожки... А ещё, почему русские говорят "щи и каша - пища наша"? А ещё, почему...

Преподаватель: У вас очень много вопросов, я обязательно отвечу на них. Но, во-первых, я прошу вас называть меня не "преподаватель", а по имени и отчеству.

Ван Хуа: Пожалуйста, извините, преп... Извините, Дмитрий Алексеевич! Я привык говорить "преподаватель"...

Преподаватель: А русские привыкли есть хлеб и пироги. Но у каждой привычки есть своя история. И в России любовь к хлебу и супу тоже имеет свою историю. Дело в том, что Россия - северная страна, зимой холодно...

Ван Хуа: Зима и хлеб? Как они связаны?

Преподаватель: Раньше в каждом русском доме обязательно была русская печь. Она похожа на кан (炕), который используют на севере Китая, потому что там зимой тоже холодно. На печи, как и на кане, можно было спать, там было тепло и удобно. Но русские использовали печь не только для тепла и сна, они готовили еду прямо в печи.

Ван Хуа: В печи? Внутри печи? Но внутри печи готовить неудобно! Как добавить соус или масло? Как жарить овощи (炒菜)?

Преподаватель: Именно поэтому русские не жарили овощи, а готовили другие блюда. Очень легко готовить суп и кашу - поставил в печь и всё.

Ван Хуа: Я понял! И пироги, и хлеб тоже удобно так готовить - поставил в печь, и всё!

Преподаватель: Именно так. Печь работает, в доме тепло, медленно готовятся вкусные русские блюда: хлеб, пироги, пирожки, простой суп, например, щи (白菜汤), или каша.

Русская печь

Вместо заключения

Любая книга, даже самая большая и интересная, имеет свой конец. Имеет конец и наша книга. Но знание не имеет конца: даже если кто-то знает о России много, он или она еще больше не знает. Поэтому, даже если вы внимательно прочитали эту книгу, вы всё равно еще не можете сказать: «Я уже всё знаю о России!». Нет, к сожалению, еще не всё. А, может быть, не к сожалению, а к счастью? Ведь это большое счастье – всегда узнавать что-то новое.

Мы советуем вам: не забывайте об этом счастье. Скоро вы закроете нашу книгу, но мы надеемся, что на этом вы не закончите знакомство с удивительной и очень интересной страной – Россией. Старайтесь узнать как можно больше: читайте книги, смотрите программы российского телевидения, задавайте вопросы вашим преподавателям и российским друзьям.

Мы хотим помочь вам в этом. Вы каждый день используете Интернет и, конечно, знаете китайский сайт «Жэньжэньван» (人人网, www.renren.com). На этом сайте есть прекрасный блог пользователя 俄语 о русском языке и русской культуре; статьи из этого блога читают тысячи студентов и преподавателей со всего Китая. Многие из этих статей помогут вам узнать больше по темам нашего учебника. Мы приготовили список ссылок на эти статьи. Обратите внимание, что жизнь не стоит на месте, в блоге появляются новые статьи, которые тоже могут быть вам интересны, кроме того, вы можете задать там любые вопросы по страноведению повседневности России.

Список статей дополнительных материалов по темам учебника

К теме «Русские имена»

Русские имена - http://blog.renren.com/blog/380707209/737796481

К теме «Семья в России»

О семье и родственниках в России - http://blog.renren.com/blog/380707209/756381258

Русская свадьба,часть 1 - http://blog.renren.com/blog/380707209/752404200

Русская свадьба, часть 2 - http://blog.renren.com/blog/380707209/752405866

Русская свадьба,часть 3 - http://blog.renren.com/blog/380707209/75241894

Какие бывают комнаты - http://blog.renren.com/blog/380707209/762047604

К теме «Досуг и отдых в России»

Русская баня - http://blog.renren.com/blog/380707209/758853387

Русская рыбалка - http://blog.renren.com/blog/380707209/753473931

Грибы и ягоды - http://blog.renren.com/blog/380707209/753803961

Настольные и карточные игры,часть 1 - http://blog.renren.com/blog/380707209/752153107

Настольные и карточные игры, часть 2 - http://blog.renren.com/blog/380707209/752278996

Образование в России

Стипендия - http://blog.renren.com/blog/380707209/942909946

Названия учебных предметов младших курсов китайских вузов - http://blog.renren.com/blog/380707209/926821040 и http://blog.renren.com/blog/380707209/926464764

Школьная и студенческая жизнь - http://blog.renren.com/blog/380707209/775091180

Названия всех школьных предметов в России - http://blog.renren.com/blog/380707209/763914351

Российские университеты, часть 1 - http://blog.renren.com/blog/380707209/745226643

Российские университеты, часть 2 - http://blog.renren.com/blog/380707209/745228161

Как сдают экзамены в России - http://blog.renren.com/blog/380707209/736090040

К теме «Праздники в России»

Рождество - http://blog.renren.com/blog/380707209/943324031

Татьянин день и «Алые паруса»- http://blog.renren.com/blog/380707209/926274544

Как правильно писать поздравление с Новым годом - http://blog.renren.com/blog/380707209/791222916

День знаний - http://blog.renren.com/blog/380707209/755762378

Русская кухня

Предлоги с названиями блюд - http://blog.renren.com/blog/380707209/943256386

Студенческие столовые - http://blog.renren.com/blog/380707209/936949635

Лексика на тему «Хлеб» - http://blog.renren.com/blog/380707209/932086568

Картошка и блюда из нее - http://blog.renren.com/blog/380707209/766855476

Салат «Оливье» - http://blog.renren.com/blog/380707209/759985138

Каша - http://blog.renren.com/blog/380707209/756956402